Katharina Stemberger

COURAGE

Warum es sich
lohnt anzuecken

Für meinen Vater

Inhalt

Anna*:

Ich bin nicht so laut wie du.

Katharina:

Ich bin laut?

Anna:

Ja.

Katharina:

Ich bin nicht laut.

Anna:

Doch, sicher. Jemand muss laut sein.

* Anna ist die einundzwanzigjährige Tochter von Katharina Stemberger. Die kleinen Dialoge sind während des Schreibens an diesem Buch entstanden. Danke, Anna!

Kapitel 1
Mut fassen

Die Zeit steht still. Als ob der Sekunden-
zeiger der großen Uhr an der Wand, aus dem
Konzept gebracht, erschreckt den Atem
angehalten hätte.

Ich blicke ihm in die Augen. Auffallend blau,
denke ich mir, als ob ich bis zu dem Moment
nie wirklich hingeschaut hätte. Stahlblau.
Nicht angenehm, starr und im nächsten
Moment überrascht.

Wir sind beide überrascht, nur Augenblicke
hintereinander, zuerst ich und dann er.

Ich zittere am ganzen Körper, die Füße
in den obligatorischen Filzpatschen
fest am Boden. Die Ledersohlen, die vom
täglichen Über-die-Gänge-Flitzen speckig
und rutschig geworden sind, haben sich
in Saugnäpfe verwandelt. Von den Knien
aufwärts vibriere ich, aber diese Basis
scheint unverrückbar, hält mich am Platz,
damit ich nicht vielleicht doch noch
wegrenne.

Etwas in mir ist außer sich und gleichzeitig
ganz nah an mir dran.

„Hör auf damit, hör auf, hör sofort damit auf!"

Die ersten Worte fast leise, mehr gefaucht als gehaucht, aber mit jeder Wiederholung lauter, trittfester.

Ich wurde in eine Künstlerfamilie hineingeboren. Während ich das schreibe, stelle ich fest, dass diese Tatsache einem Mädchen, das Mitte der 1970er-Jahre in die zweite Klasse Volksschule ging, vollkommen egal war. Was mein Leben viel mehr beeinflusste, war der Umstand, dass sich meine Eltern früh getrennt hatten und ich ab meinem zweiten Lebensjahr von meinem Stiefvater und meiner Mutter erzogen wurde. Damals war eine Patchworkfamilie noch relativ exotisch. Meine Mutter hatte den Namen meines Stiefvaters angenommen und ich und meine beiden Schwestern behielten den Namen unseres Vaters.

Diese scheinbare Kleinigkeit – dass meine Mutter nicht den gleichen Familiennamen hatte wie ich – machte mich damals in der Schule und im Freundeskreis zu einer Kuriosität. Ganz besonders wenn man im 14. Wiener Gemeindebezirk, knapp an der Grenze zum noblen 13., in einem kleinen Biedermeierhäuschen aufwuchs.

Ich soll ein sehr fröhliches Kind gewesen sein, freundlich, plaudrig. Als jüngstes von drei Mädchen kam ich in eine Familie, in der alle Mitglieder scheinbar schon ihre Plätze bezogen hatten und – aus meiner Perspektive – sehr mit sich beschäftigt waren. Meine beiden Schwestern, vier und sieben Jahre älter, hatten ihre eigenen Interessen und Freundeskreise, meine Mutter verfolgte neben Kindererziehung und Haushalt intensiv ihre Ausbildung zur Sängerin, mein Stiefvater verdiente sein Geld als zweiter Hornist bei den Wiener Symphonikern und verbrachte viel Zeit in seiner Kompositionsklause im 18. Bezirk.

Mein leiblicher Vater hatte bereits eine neue Familie gegründet und war für mich wie eine Legende. Man sprach nicht über ihn, ich sah ihn kaum, er war mir fremd, nicht greifbar. Das blieb lange so.

Der Schultag hatte begonnen wie jeder andere. Meine Volksschule war ein funkelnagelneuer Siebzigerjahre-Bau. Funktional, blaue Fassade, mit fast leuchtend blauen Querelementen. Nicht wahnsinnig schön, aber modern. Innen roch es nach Zukunft, Fortschritt, Chancen für alle. Hell, viele Fenster, überall geflieste, graue Böden. Heimelig ist anders.

Meine Volksschullehrerin, eine begnadete Pädagogin, eine Respektsperson, die jedes Kind förderte, schaffte es, mit viel Empathie auf die verschiedenen Charaktere einzugehen. Jeder und jede wurde gesehen.

Wir hatten Kinder aus Jugoslawien und ein türkisches Kind im Klassenverband. Das war was Besonderes damals. Irgendwie wurde uns vermittelt, dass es unser aller Aufgabe sei sicherzustellen, dass sie schnell Anschluss fänden. Ihre Besonderheit wurde uns zum Ansporn. Ohne das damals so zu nennen, wurden wir Integrationsspezialisten und -spezialistinnen. Dazu gehörte auch, sie bei ihren Familien zu besuchen. Das tat ich und verstand sofort viel besser, was das Problem dieser Kinder war.

In diesem bunten Haufen war auch er, ich nenne ihn Franz. Er war der typische Halbstarke: laut, lockerer Spruch, frech, manchmal fast charmant, aber eben nur fast. Blonde Haare, blaue Augen, groß für sein Alter und kräftig. Er wohnte mit seiner Familie im nahen Gemeindebau und er strahlte ein Versprechen aus: „Wenn ihr euch mir anschließt, dann seid ihr sicher. Außerdem habe ich Dinge gesehen und gehört, von denen ihr keine Ahnung habt. Verbotene Dinge." Das war natürlich anziehend. Und auch wieder nicht.

Franz hatte eine kleine Schar ergebener Anhänger, nur Buben. Sie alle waren kleiner und schwächer. Sie echoten seine viel zu lauten Sprüche, mit denen er in den Pausen und nach der Schule um sich warf, wie die Wände einer Kathedrale. Ich beobachtete diese Truppe über Wochen und ich fand sie eher lächerlich und anstrengend – damit war ich nicht allein. Vermutlich war fehlende Aufmerksamkeit der Grund, weshalb sie ihr Betätigungsfeld erweiterten.

Unterhalb der Schule, die auf einer kleinen Anhöhe stand, gab es einen schmalen Weg unter Bäumen, dunkel und ein wenig einsam, besonders während der Wintermonate. Jeden Tag musste ich da durch, weil es die schnellste Möglichkeit war, die nächste Gasse zu erreichen. Es war ein Abschneider, der, obwohl ich mir das nie eingestanden habe, ein wenig Mut brauchte.

Nach der Schule wurden die Kinder entweder abgeholt oder machten sich allein auf den Heimweg. Franz und die Seinen prahlten damit, dass sie nicht nach Hause müssten, dass sie tun könnten, was sie wollten, sie hingen vor der Schule herum und begannen damit, Jüngere, Schwächere, Brillenträgerinnen, Sommersprossenbesitzer, rundliche Geschöpfe und solche mit fast nichts auf den Rippen zu beschimpfen, ihnen ein Bein zu stellen, dabei zuzuschauen, wie sie sich wieder aufrappelten, und dabei vor Vergnügen zu johlen. Obwohl ich aus dieser „seltsamen Familie" stammte, traf mich sein Spott nie direkt, aber es war klar, dass wir uns nicht mochten. Einen Tag vor dem bewussten Tag hatte ich in der Schule den mir verhassten Handarbeitskoffer vergessen und lief noch einmal zurück. Ich hastete fluchend den schmalen Weg entlang, trat aus den Bäumen, die den Weg säumten, heraus und wurde Zeugin der letzten Momente einer offenbar unhübschen Szene. Ein zarter, kleiner Bub raffte weinend seine Schultasche und sein Turnsackerl zusammen, fummelte sich schniefend die Brille auf die Nase und lief gebückt in meine Richtung. Ich fragte, was passiert sei, er drückte sich wimmernd an mir vorbei, sagte nichts, aber er roch nach Scham und Angst. Als ich den Blick wieder hob, sah ich noch, wie die Bande rund um Franz mit lautem Geheul davonsprang.

Ich versuche mich zu erinnern, welcher Wochentag es war, ich glaube, ein Dienstag. Ja, da hatte ich immer Handarbeiten. Klebrige Finger, die versuchten zu sticken oder die Wolle in einen Topflappen oder, noch schlimmer, einen Klorollenüberzug zu verwandeln. Dienstag.

Der nächste Schultag begann wie jeder andere. Nicht ganz: In der ersten Pause war der Vorfall, den ich beobachtet hatte, Gesprächsthema unter den Kindern. Der kleine Bub von gestern war auch da, seine Brille an einem Bügel mit Klebeband provisorisch repariert. Alle wussten, was passiert war.

In der großen Pause, als die Bande auf das Opfer des vorherigen Tages traf, schaukelte sich die Situation auf. Im Nu hatte sich ein Wassergraben aufgetan. Auf der einen Seite Franz mit seiner Gefolgschaft und auf der anderen Seite der Bub und einige andere Kinder, Brillenkinder, Sommersprossenkinder, rundliche Kinder, ausländische Kinder, ganz dünne und blasse Kinder. Ich, das Kind aus der komischen Familie, war auch dabei. Aggression lag in der Luft, Beleidigungen flogen, Franz hatte seinen großen Auftritt: Wortreich erzählte er allen, wie erbärmlich und feig sich der kleine Bub gestern davongestohlen hätte. Ein Gruppe von Mädchen, die gerade dabei waren, die Choreografie von John Travolta aus *Grease* zu üben – links hoch, rechts hoch, drehen und zurück hoch –, hübsche Geschöpfe mit Kleidern und Lipgloss, kam interessiert dazu. Manche kicherten, manche hatten einen vollkommen unbeteiligten Gesichtsausdruck, kauten übertrieben auf Kaugummis herum, taten so, als ob sie das nichts anginge oder sie gar nicht da wären. Der kleine Bub, eingefroren in seiner Scham.

Nirgends ein Erwachsener, der diesem Spuk ein Ende machten könnte. Wir waren auf uns allein gestellt. Ich wusste, dass Franz im Fall des Falles zuschlagen konnte, und das kräftig. Ich hatte Angst. Bis auf die durchaus auch körperlich ausgetragenen Auseinandersetzungen mit meiner Schwester Julia kannte ich Schmerz jenseits von Unfällen und Krankheit nicht. Ich war ein Mädchen, das gehörte nicht zum Programm. Ich war einen Kopf kleiner als Franz. Da es zu keiner Gegenwehr des Opfers kam und auch sonst keiner was sagte, sah es so aus, also ob Franz die Eskalation weitertreiben würde, zumindest mit Fußtritten oder Anspucken. Um seine Macht zu untermauern.

Ich musste etwas tun!
Jetzt!
„Hör auf damit, hör auf, hör auf, hör sofort damit auf!"
Die Zeit steht still. Ich bin ganz nah bei ihm, fast intim. Ich zucke nicht. Erwarte einen Schlag. Durch meinen Kopf rasen Gedanken. Werde ich zurückschlagen? Kann ich das? Wo muss ich ihn treffen? Wird Blut fließen? Wann ist es vorbei? Wird es sehr wehtun?

Er schaut mich an wie eine Außerirdische. Hier ist
was falsch. So funktioniert das System nicht. Das
ist ein Regelbruch. Du bist ein Mädchen. Du kannst
nicht mein Gegner sein. Das geht so nicht.

Die Pausenglocke läutete. Etwas hatte sich verändert. Ich hatte etwas verloren, aber auch etwas ge-
wonnen.

Katharina:

Erst bin ich grantig. Dann beschäftige ich mich mit dem, was mich grantig macht. Dann sag ich was.

Anna:

Derzeit gibt's viel. Womit willst du anfangen?

Katharina:

Wurscht. Es muss nur um ein bissl mehr gehen als um Haferchino.

Kapitel 2

Prinzessinnen müssen nichts tun, weil sie schön sind

Draußen regnet es. Gefühlt seit einer Woche. Nebelschwaden im Hochsommer. Dunkle Holzbalken, fast schwarz, es riecht nach Rauch. Irgendwo im Hintergrund Familie. Ich höre sie, spüre ihre Anwesenheit und gleichzeitig sind sie weit weg.

Vor mir kostbares weißes Papier, noch habe ich genug Blätter, aber es darf nicht schiefgehen.

Es beginnt immer mit dem Umriss, einem „U". Die Farbe heißt „fleischfarben". Merkwürdig, unangenehm, aber Rosa passt auch nicht. Dann zwei leere Fischformen ohne Schwanz, „hellbraun", möglichst gleich groß und auf gleicher Höhe. Meistens blaue Iris, „hellblau." Meine Mutter hat blaue Augen, aber nicht hellblau. Ich bin unzufrieden mit der Auswahl der Filzstifte. Wie soll das was werden, wenn man immer nur Hell oder Dunkel von einer Farbe hat? Dunkelblau habe ich schon einmal versucht, geht gar nicht. Keine Wimpern, aber Augenbrauen über den Fischen. Klarer Strich, „dunkelbraun". Nase: zwei Punkte. Jetzt ganz wichtig: rote Lippen, geschwungene Oberlippe in Herzform. „Hellrot" ist in dem Fall zufriedenstellend.

Ohren erscheinen mir nicht wichtig,
viel wichtiger sind die Haare, oft blond,
fast immer lang, mit Spangen, Schleifen.
Manchmal eine Krone. Schultern, steif
abstehende Armen ohne Ellbogengelenke,
die in fünf Finger münden. Hände sind
schwierig. Von den Achseln führen zwei
brustlose Bögen zu einer Wespentaille.
Jetzt das Wichtigste: der Rock, üppig, bunt,
kostbar. Das Muster heute: Girlanden in allen
Farben. „Wenn ich nur Gold hätte", denke
ich. Die Füße muss man zeichnen, irgendwie
lästig, so wie Hände und Ohren und Nase.
Nun gut, Stiefletten, im 180-Grad-Winkel nach
außen gedreht.

Ich betrachte meine heutige Prinzessin, ich
habe schon viele gezeichnet. Prinzessinnen
sind edel, weil schön. Sie müssen nichts tun,
weil sie schön sind. Sie können nichts tun,
weil sie schön sind. Alles wird gut.

Unsere Sommerferien verbrachten wir zu großen
Teilen in Bregenz und Umgebung, weil mein Stiefvater als Mitglied der Wiener Symphoniker bei den
Bregenzer Festspielen im Orchester spielte. Das waren sehr schöne Wochen, zwischen Bergwanderun-

gen (die ich nicht so mochte), Schwimmen im See und später, als wir schon ein bisschen älter waren, den beeindruckenden Opernaufführungen auf der Seebühne.

Aber diese Sommertage wurden oft von langanhaltenden Regengüssen begleitet. Halbe Tage, ganze Tage. Wir konnten nicht raus. Fadesse breitete sich in dem nicht allzu großen Quartier aus wie ein schlechter Geruch. Irgendwann waren die Bücher auch langweilig, es gab keinen Fernsehapparat (auch bei uns zu Hause nicht – eine bewusste Entscheidung meiner Mutter und meines Stiefvaters), also begann ich mehr als in Wien zu zeichnen. Prinzessinnen. Sie waren lieblich, schön, passiv. Diese Perfektion beruhigte mich. Sie schienen kein Leben außerhalb der Zeichnung zu haben, sie hatten es nicht nötig. Ich trug diese Prinzessinnen-Idee als tiefe Überzeugung in mir drin. Ein Erfolgsmodell! Aber das Leben, das ich rund um mich beobachtete, hatte so gar nichts davon. Ich sah keine Edlen, weder Frauen noch Männer, nur auf der Bühne. Ja, dort waren Edle in schönen Kleidern, tolle Haare, sie bewegten sich anmutig, aber den Umstand, dass sie dabei sangen, fand ich irritierend.

Zurück in Wien, begegnete ich einer anderen Form von Prinzessin: Scheherezade. Diese Geschichte, die ich, glaube ich, nur ein einziges Mal bei Freunden meines Stiefvaters auf einer Lang-spielplatte gehört hatte, beeindruckte mich zutiefst. Diese junge Frau war in Not und musste den Mann, der über ihr Leben entschied, trickreich für sich ge-winnen. Alles hatte sie vorbereitet. Und dann sagte die Stimme auf der Platte: „Sie schminkte sich nach allen Regeln der Kunst, trug wohlriechende Öle auf, ordnete ihre Schleier und wartete. Kaum hatte er das Gemach betreten, ungehalten und wild, begann sie zu erzählen."

Ich habe keine Ahnung, warum ich mir die-se Worte bis heute gemerkt habe, aber das Üppige, Exotische und die Gefahr zogen mich magisch an. Ich lernte eine Frau kennen, die mit Schläue, Schön-heit und Geduld ihr Leben rettete. Irgendetwas stimmte nicht.

Die nächste Prinzessin fand ich in der Geschich-te von Robin Hood. Wieder so ein schönes Geschöpf, das in die Fänge eines bösen Königs geraten und darauf angewiesen ist, befreit zu werden. Ich fand Robin Hood und seine Freunde viel aufregender und aufgrund ihrer Unerschrockenheit und Schlauheit auch viel cooler.

Ich beschloss, dass die Zeit der Prinzessinnen vor-bei war. Schön, passiv und leidend, das hatte keine Zukunft.

Zur gleichen Zeit drehten sich die Gespräche zu Hause um eine Sache, die alle sehr aufregte: Zwentendorf. Ich hatte als Zehnjährige keine Ahnung, was ein Atomkraftwerk war und was es mit mir, mit uns zu tun haben sollte. Meine Welt bestand aus Schule, Freundinnen und Freunden, meinem Cello, das ich seit einem Jahr zu erlernen versuchte, und natürlich aus meinen Büchern. Ohne Fernsehapparat zu leben machte mich in der Schule ein wenig zum Outcast, dafür aber zu einer sehr regelmäßigen Besucherin der örtlichen Bücherei. Ich verschlang Geschichten.

Bei den Atomkraft-Diskussionen am Küchentisch beschlich mich ein unangenehmes Gefühl: Das war eine Gefahr für uns alle! Es musste verhindert werden, dass dieses Kraftwerk, das man schon gebaut hatte (ein typisch österreichischer Schildbürgerstreich), nicht in Betrieb ging. Aber wie?

In meiner Welt gab es die Bürger und Bürgerinnen da draußen nicht. Meine Aufmerksamkeit galt den Helden und Heldinnen in meinen Büchern. Ich hatte keine Ahnung von Zivilgesellschaft, Demokratie und Politik. Ich hatte nie darüber nachgedacht, es war für mich nicht von Belang. Wahrscheinlich ging ich damals von einem Königreich aus, aber auch wieder nicht, denn die Prinzessinnen waren allesamt nicht echt. Und kein Erfolgsmodell. Es war verwirrend.

Die Erwachsenen erzählten von Demonstratio-
nen, an denen ich noch nicht teilnehmen durfte.
Ich verstand es nicht, aber es war aufregend und
wichtig.

Eines Abends kam meine Mutter in mein Kinderzimmer, dessen Fenster zur Straße schauten,
und zeigte mir einen riesigen runden Aufkleber:
„ATOMKRAFT? NEIN DANKE" stand in schwarzen Buchsta-
ben drauf, in der Mitte eine rote Sonne mit gezack-
ten Strahlen. Meine Mutter fragte mich, ob ich ihn in
mein Fenster kleben wolle. Natürlich wollte ich! Ich
fühlte mich geehrt, fühlte mich in den Kreis der Erwachsenen aufgenommen und durfte Teil von etwas
Wichtigem sein.

Meine Mutter hatte in diesem Moment für mich
eine Tür zur Welt da draußen aufgestoßen. Eine
Verbindungstür. Eine Tapetentür? Oder war es eine
Drehtür, oder womöglich eine Falltür? Beim Ein-
schlafen betrachtete ich die Umrisse des Aufklebers,
der von den Scheinwerfern der vorbeifahrenden
Autos gestreift wurde. Jedes Mal leuchtete die Sonne
auf und ich konnte ihre Zacken erkennen. Das fühlte
sich gut an.

Anna:

Beziehungen brauchen Courage. Liebesbeziehungen erst recht.

Katharina:

Das steckt ja schon im Wort: Du musst bereit sein, dein Herz auf den Tisch zu legen.

Anna:

Und zu sagen:
Schau, das ist meins?

Katharina:

Genau! Schau hin,
so sieht es aus.
Du kannst jetzt
draufspucken,
aber ich hab
beschlossen, dass
ich es dir hinlege.

Anna:

Das kann schiefgehen.

Katharina:

**Immer.
Das ist
das Risiko.**

Kapitel 3

Väter und Helden

Meine Kinderhände in Wollhandschuhen, zwischen den Fingern und den ledernen Zügeln quillt blonde Mähne hervor. Kein Halt, panisches Schwitzen trotz der Kälte. Immer wieder versuche ich den Rand des Sattels zu greifen. Die Füße sind schon lange aus den Steigbügeln gerutscht, die Beine klammern sich wie die Scheren eines Krebses an den runden, semmelfarbenen Bauch des Haflingers. Ich rufe seinen Namen, ich schimpfe und hoffe, dass mich irgendjemand rettet.

Mein Vater war eine Größe in meinem Leben, die ich die längste Zeit nicht vermessen konnte. Als Kind wusste ich nicht viel über ihn. Er hatte einen Vollbart, immer ein bisschen einen Bauch, rauchte, hatte eine neue Familie und verbrachte den Großteil seiner Zeit im Souterrain eines großen, grauen Instituts. Er war ein Arzt für Menschen, hatte aber sehr oft mit Ratten zu tun. Er forschte an Impfstoffen, es ging um exotische Krankheiten. Ab und zu haben wir ihn im Tropeninstitut an der Alser Straße besucht. Ich erinnere mich daran, dass ich fieberhaft darüber nachdachte, wie ich Kontakt herstellen, was ich sagen oder tun könnte, um seine Aufmerksamkeit zu erregen, schließlich war er mein Vater und ich seine Tochter. Ich beobachtete meine älteren

Schwestern, die eine Beziehung zu ihm hatten. Ich bewunderte die Selbstverständlichkeit, mit der sie mit ihm umgingen.

Eine Sache, die ich über ihn wusste, war, dass er Karl May liebte. Meine älteste Schwester Ina hatte eine große Sammlung dieser Romane, Paperbacks, heller Buchrücken mit Titel und einem farbigen Querstreifen. Sie standen schön geordnet auf einem Regal in ihrem Zimmer. Mit ungefähr neun Jahren begann ich diese Abenteuerromane voller Ehrfurcht zu lesen – das war mein kindlicher Versuch, meinem Vater näherzukommen. Besonders die arabischen Geschichten hatten es mir angetan. Diese fremden Welten, die voll von Gut gegen Böse, Fragen der Ehre, prachtvollen Teppichen und exotischen Gerüchen waren, nahmen mich ganz und gar gefangen.

Ich frage mich gerade, ob ich eine der Geschichten noch einmal lesen sollte, bevor ich weiter über Kara Ben Nemsi und seine Freunde erzähle. Denke an die öffentliche Diskussion über Karl May in der letzten Zeit. Über vierzig Jahre ist es her, dass ich beim Lesen mitfieberte und ohne jedes Zeitgefühl in diesen Geschichten verloren ging. Ihnen ist es zu verdanken, dass in mir eine große Neugierde für fremde Kulturen erwachte, ich lernte, dass Gastfreundschaft ein hohes Gut darstellt und dass Geografie und Pferde etwas miteinander zu tun haben.

Es waren nämlich diese genauen geografischen Beschreibungen in den Romanen, die mich dazu brachten, Landkarten in die Hand zu nehmen, um die Reisen meiner Helden auch auf diese Weise mitzuverfolgen. Das gelang mir nur bedingt, da die Städte teilweise alte Namen hatten oder, was ich erst später herausfand, sehr vieles in den Abenteuergeschichten ausschließlich der Fantasie von Herrn May entsprungen war. Ich wusste aber, dass sie mit Pferden unterwegs waren, und dass diese in einem bestimmten Tempo eben nur eine gewisse Distanz überwinden konnten. So wird es wohl einer dieser Sätze gewesen sein: „Wir hatten drei stramme Tagesritte vor uns und mussten zweimal die Pferde wechseln", die mich dazu brachten, dass ich unbedingt reiten lernen wollte.

Es war Dezember 1980 und wir verbrachten ein paar Tage in einem kleinen Reitstall im Südburgenland. Unsere Cousine Claudia hatte diesen Familienbetrieb entdeckt. Acht Pferde, alles bescheiden, sehr einfache Zimmer, entspannt, bis auf die etwas verbissene Reitlehrerein. Die ersten unsicheren Stunden am Reitplatz, sie brüllte unfreundliche Kommandos, während sie eine Zigarette nach der anderen vernichtete.

Im Spätsommer hatte ich meinen ersten Reitunterricht gehabt und konnte es kaum erwarten, wieder dorthin zu kehren. Die Karl-May-Romane im Zusammenhang mit den Pferden waren mir damals lieber als jeder menschliche Kontakt.

Meine besondere Liebe am Hof galt einem Haflinger mit dem Namen „Aladin". Ein freundliches Tier, das aber bei Ausritten durch die schöne burgenländische Hügellandschaft jede Selbstbeherrschung verlor, sobald wir an einem Maisfeld vorbeikamen, das noch nicht abgemäht war. Er bog einfach ab, verwandelte sich in eine Fressmaschine, die ohne Rücksicht auf seine Reiterin links und rechts Maiskolben ausriss und dabei immer weiter in das vertrocknete Feld hineinwanderte.

Mir rinnen die Tränen herunter, ich habe jede Kontrolle über das Tier verloren. Endlich taucht hinter mir die bissige Reitlehrerin auf, selbst in dieser Situation die Zigarette im Mundwinkel. Sie schnappt Aladin am Zügel und führt uns zurück zu den anderen.

Eine halbe Stunde später klappern die Hufe auf der gepflasterten Einfahrt in den Hof. Meine Beine sind steif vor Kälte, der Rotz ist unter der Nase festgefroren, ich rutsche aus dem Sattel zu Boden. Ich fühle mich gar nicht wie meine Helden. Das wäre einem Kara Ben Nemsi nie passiert! Ein Tiefpunkt in meiner kleinen Welt.

Die eigentliche Tragödie dieses Tages erfahre ich aber erst, als ich frierend ins Zimmer komme: John Lennon ist in New York erschossen worden. Ich bleibe stehen, erstarre, es wird noch kälter, eine schwere, bläuliche Traurigkeit legt sich über mich. Alle weinen, schütteln den Kopf. Es verunsichert mich, meine Familienmitglieder so in Trauer zu sehen. Die Sprachlosigkeit irritiert.

Fragen wie: „Wer macht so was?" „Warum er?", „Vielleicht stimmt das gar nicht?!" steigen stumm in mir auf.

Ich war mit der Musik der Beatles aufgewachsen, weil mein Stiefvater und meine Mutter große Fans waren.

Welcher Song der erste war, an den ich mich erinnern kann? Ich bin unschlüssig. „A Hard Day's Night" oder „I Want to Hold Your Hand"? Ich glaube, Zweiteres.

Ich bin Ende 1968 auf die Welt gekommen. Alles schien vorbei zu sein, die wilde Zeit und die schöne Musik konnte ich nur noch als Erinnerung auf Schallplatten und aus Erzählungen miterleben. Ich beneidete die Elterngeneration. Als ob du zu spät auf eine Party kommst, der lustige und aufregende Höhepunkt ist schon vorbei. Die coolen Gäste sind gegangen, einige hängen noch in den Ecken herum oder sind Arm in Arm eingeschlafen.

Mir blieb nur, die weiteren Karrieren der einzelnen Beatles mitzuverfolgen. Das tat ich, akribisch, wollte noch ein wenig von diesem Glanz, diesem Gewürz abbekommen. John Lennon war für mich am sichtbarsten, meine Verbindungsfigur. Er war weitergegangen, mehr Pop, aber auch mehr politische Message. Yoko Ono, die ständig an seiner Seite war, blendete ich aus, aber John Lennon war für mich, das zehnjährige Mädchen, ein Lichtbringer. Seine Songs erzählen davon, dass die Welt auch ein guter, friedlicher und solidarischer Ort für alle Menschen sein könnte. Ohne Gier, ohne Kriege, ohne Zerstörung, ohne Hass und ohne Religionen.

Ich setze mich an den einfachen Holztisch, die Jacke noch immer an, ich weine wie die anderen, jemand tröstet mich, aber ich bin untröstlich. Innerhalb weniger Minuten wird mir klar, dass es da draußen etwas Böses gibt, kranke Geister und verrückte Herzen. Wenn John Lennon getötet werden kann, dann gibt es keinen Schutz. Ich denke an meine Helden in den Karl-May-Büchern. Wie sie mit den bösen Schurken umgehen. Ich denke an meinen Vater, der Unrecht beim Namen nennen konnte und sich klar dagegenstellte. Damals als Zehnjährige war meine Welt noch gut in schwarz und weiß einteilbar. Und es war auch klar, dass die Guten siegen werden. Heute ist es die Differenzierung, die mir einen klaren Standpunkt ermöglicht.

Rückblickend denke ich mir, dass das der Moment war, an dem mein Erwachsenwerden begonnen hat.

Jedes Jahr am 8. Dezember lässt die Stadt Liverpool das Licht in John Lennons Kinderzimmer an, die ganze Nacht.

Anna:

Wo warst du mit zwanzig?

Katharina:

Auf Demos.

Anna:

Ihr habt euch an Bäume gekettet. Das war etwas Greifbares.

Katharina:

Und ihr?

Anna:

Wir haben den Klimawandel. An den kann man sich nicht ketten.

Kapitel 4

Es sind die vielen, die einen Unterschied machen

18. Dezember 1984

Wieso hänge ich wie ein hilfloser Käfer an diesem verdammten Zaun?

Alles dunkel, hektisch, es ist sehr kalt, zwanzig Grad unter null, Taschenlampen streifen die Atemluftwolken, die uns während des Geflüsters umschweben.

„Schnell, schnell. Was machst du denn?"

„Ich komm nicht hoch!"

Der schwere Rucksack scheint mich am Platz zu halten, nein, noch schlimmer, er zieht mich wieder runter auf den zugefrorenen Boden.

„Komm, Kathi, wir haben nur noch drei Minuten!"

Riesige Hände greifen nach mir, ziehen, ich klammere mich an den Maschendrahtzaun, endlich bin ich oben, ein kurzer Moment des Balancierens, danach geht es schnell auf der anderen Seite wieder bergab. Geschafft. Nur weiter. Weiter. Hinter den anderen her.

Ab dem Sommer 1984 hatte sich in Österreich ein Thema breitgemacht: Hainburg. Es ging damals darum, dass in der Hainburger Au, einer naturbelassenen Flusslandschaft östlich von Wien und von hohem ökologischen Wert, ein Wasserkraftwerk errichtet werden sollte. Am 7. Mai gab es eine Pressekonferenz im *Presseclub Concordia*, die später als die „Pressekonferenz der Tiere" in die Geschichte eingegangen ist. Persönlichkeiten aus Politik und Kunst, verkleidet als Bewohner der Aulandschaft, traten vor die Presse. Folgendes Bild bot sich den anwesenden Journalistinnen und Journalisten: Publizist Günther Nenning als Hirsch, Stadtrat Jörg Mauthe als Schwarzstorch, Schriftsteller Peter Turrini als Rotbauchunke und Nationalratsabgeordneter Othmar Karas als Kormoran.

Über den Herbst formierte sich Widerstand, der von der Wissenschaft, ausgewählten Medien, der Zivilgesellschaft und einigen Politikern und Politikerinnen mitgetragen wurde. Nachdem die behördlichen Verfahren abgeschlossen waren, begannen Anfang Dezember 1984 bei Stopfenreuth die Arbeiten. Am 8. Dezember gab es einen Sternmarsch in die Hainburger Au, der von der Österreichischen Hochschülerschaft organisiert wurde. Da war ich, gemeinsam mit meiner ältesten Schwester Ina, meiner Mutter und meinem Stiefvater dabei. Einige tausend Menschen, quer durch alle Generationen, hatten sich auf den Weg gemacht, um ein Zeichen des Widerstandes zu setzen. Das Verfahren war abgeschlossen, die Errichtung des Kraftwerks war rechtens und trotzdem sagten viele Bürgerinnen und Bürger, dass sie das so nicht wollten. Still, aber entschlossen gingen wir durch den Wald, den es zu schützen galt.

Nach dem Sternmarsch blieben einige der Protestierenden in der Au und begannen mit der Besetzung. Die Situation schaukelte sich in der Öffentlichkeit auf. Das Augebiet wurde abgeriegelt, man wollte die Besetzerinnen und Besetzer vom Nachschub abschneiden. Es war kalt, viel Schnee, offensichtlich gingen die Behörden davon aus, dass der Widerstand sich nach ein paar Tagen erledigt haben würde.
    Eine Fehleinschätzung.

„Entschuldigen Sie, Herr Professor, dass ich die Stunde störe, aber ich nehme von meinem Recht als Schülerin Gebrauch, einmal pro Semester eine Informationsveranstaltung ohne Vorankündigung abzuhalten. Ich würde alle Schüler und Schülerinnen, die daran interessiert sind, in der großen Pause in die Aula bitten. Ich möchte euch über die Vorgänge in der Hainburger Au informieren. Vielen Dank, Herr Professor!"

Ich gehe von Klasse zu Klasse, mache mir nicht nur Freunde und freue mich, als sich in der großen Pause viele Schülerinnen und Schüler in der Aula versammeln.

Meine Oberstufe verbrachte ich im Musikgymnasium in der Neustiftgasse, damals eine kleine Schule, die in erster Linie für angehende Berufsmusikerinnen und -musiker ins Leben gerufen worden war. Zwei Klassen pro Schulstufe. Fast ausschließlich engagierte, offene Professorinnen und Professoren und ein liebevoll-schrulliger Direktor.

„Danke, dass so viele gekommen sind. Ihr habt alle mitbekommen, was sich seit Wochen rund um die Hainburger Au abspielt. Der Protest wird jeden Tag lauter, die Besetzer harren seit zwei Wochen in der Kälte aus. In Zelten. Natürlich weiß ich nicht, wie ihr dazu steht, aber wenn ihr das sinnlose Abholzen von einem der letzten Urwälder in Europa verhindern wollt, dann gibt es Möglichkeiten, das zu unterstützen. Natürlich wäre es am besten, wenn wir vor Ort sein könnten, aber das geht wegen der Schule nicht. Aber am Wochenende kann jeder und jede in die Au fahren. Außerdem hat mich die Nachricht erreicht, dass die Menschen vor Ort Decken, Schlafsäcke, warme Kleidung und Konserven brauchen. Wer daran

interessiert ist, etwas beizutragen, kann es bei mir in der 5B abgeben. Ich werde es weitergeben und auch persönlich dorthin bringen."

Ich denke oft darüber nach, wann und warum sich eine Gesellschaft oder große Teile davon in Bewegung setzen. Die Auslöser sind oft nicht so sehr große heroische Ideen, in den meisten Fällen fühlt man sich ganz persönlich bedroht. Entweder durch die Abwesenheit oder die Anwesenheit von etwas. Österreich ist diesbezüglich eine sehr träge Masse. Sicher auch ein Hinweis darauf, dass für die überwiegende Mehrheit in diesem Land die Dinge halbwegs in Ordnung sind. Aber vielleicht stimmt meine Analyse auch nicht. Sie ist nicht wissenschaftlich belegt, sondern nur meine ganz persönliche Beobachtung über die letzten fünfzig Jahre.

Eines aber weiß ich: Im Falle von Hainburg hatten sich die politisch Verantwortlichen und der gesamte Polizei- und Gendarmerieapparat gründlich verschätzt.

Diese etwas zu süße Gemütlichkeit, die an den Kitsch der Nachkriegsfilme erinnert, diese zähe, dickflüssige Trägheit, die die Politik von den Bürgern und Bürgerinnen gewohnt war, stellte sich trotz Adventmärkten und Punschständen im Dezember 1984 nicht ein. Die Fronten verhärteten sich, die Besetzerinnen und Besetzer wollten nicht weichen, die Arbeiten konnten nicht wie geplant beginnen.

Meine älteste Schwester Ina hatte Freunde, die mit Aktivistinnen und Aktivisten in Kontakt waren. Meiner Mutter war zwar nicht wohl dabei, aber in Begleitung meiner Schwester durfte ich am Abend des 18.12. los, voll beladen mit einem viel zu großen Rucksack, der bis oben hin mit Dosenravioli und -gulasch gefüllt war. Wir fuhren mit einem Bus bis Stopfenreuth, ab dort ging es zu Fuß weiter. Wir waren eine kleine Gruppe von fünf bis sechs Personen. Der Weg führte durch den Wald, dann mussten wir ein bisschen durchs Gebüsch, bis wir zu einer Forststraße entlang des umzäunten Rodungsgebiets kamen. Auf dem Weg dorthin erklärten uns die Erfahreneren, dass es keinen legalen Zugang zum Wald mehr gebe und dass wir an dieser Stelle über den Zaun müssten. Die Gendarmerie führe zwar Patrouille, aber wir hätten ungefähr fünf, maximal sechs Minuten, um über die Forststraße und den Zaun zu kommen.

Das Gendarmerieauto fährt an uns vorbei, die Scheinwerfer beleuchten die Fahrtrichtung, danach wieder Dunkelheit und Stille. Jetzt schnell und leise über den Zaun. Alle anderen erscheinen mir geschmeidig, sicher und schnell. Ich hänge fest. „Ich werde noch die ganze Truppe auffliegen lassen." Ich hatte nie darüber nachgedacht, ob ich schnell über einen blöden Zaun klettern kann.

Geschafft.

Geduckt rennen wir zwischen Nadelbäumen weiter. Ich habe Angst, es ist aufregend, ich denke über das Gendarmerieauto nach. Aus der näheren Umgebung hören wir die Rufe der Beamten, das Bellen der Hunde in der Nacht. Wenn die uns erwischen? Werden wir dann verhaftet? Bis zu diesem Zeitpunkt hatte ich mit der Staatsgewalt noch nie unmittelbar Kontakt gehabt. Haben wir etwas Strafbares gemacht? In ihrer Welt schon, in meiner nicht. Ich suche meine Schwester, finde sie, wir treffen auf ein Lager mitten im Wald. Ein paar Zelte, Schnee, Lagerfeuer, mir ist kalt, ich muss pinkeln. Irgendwie haben wir irgendwo geschlafen, ein Zelt, Schlafsäcke, dazulegen, meine Erinnerung ist ungenau. Das nächste Bild ist der graue Morgen, fremde Menschen, die ich im Dunkeln gar nicht wirklich hatte erkennen können, trinken Kaffee, besprechen die Lage. Es gibt offensichtliche Anführer und diejenigen, die zuhören, manchmal eine Frage stellen. Die Stimmung ist angespannt.

Am schwierigsten ist die Informationslage. Ich lerne, dass es mehrere Lager und ein Hauptlager gibt. Die sogenannten „Waldläufer" von Greenpeace sind für den Informationsfluss innerhalb des besetzten Gebiets zuständig. Hauptthema bei dieser Morgenrunde: Werden sie heute mit den Rodungen anfangen? – Es werden Aktionsmöglichkeiten besprochen. Sitzstreiks auf den Einfahrtsrouten, in mehreren Reihen, fest ineinander verhakt, sich an Bäume ketten. Gerüchte machen die Runde über die Brutalität der Beamten und über die Polizeihunde, Rottweiler und Schäferhunde, die angeblich darauf abgerichtet sind, sich selbst den Maulkorb entfernen zu können.

Eine Gruppe aus dem Lager, bestehend aus fünfzehn bis zwanzig Menschen, macht sich auf den Weg zur Brücke, dort soll es eine Abfahrt geben, über die jederzeit Rodungsfahrzeuge in das Augebiet einfahren können. Wir schließen uns ihnen an, gehen schnell, konzentriert, viele Schichten Kleidung übereinander, Frauen und Männer kaum zu unterscheiden, viel Buntgestricktes, Anoraks, feste, verdreckte Schuhe, Entschlossenheit, keine unnötigen Bewegungen, Kraft sparen, die Gespräche sind leise.
Ich trotte hinter ihnen her, immer meine große Schwester im Blick. Ich will wissen, was die da vorne reden, will wissen, was als Nächstes passieren wird. Wieder Hundegebell, Stimmen, die nicht genau zu orten sind. Ich habe die Konservendosen zu großen Teilen im Lager

gelassen, fühle mich leicht, aber auch verwundbar. Der starke Kaffee mit viel Kondensmilch aus der Tube, der mir nach dem Aufwachen in einem verdreckten Blechhäferl angeboten wurde, schwappt in meinem Magen hin und her, mir ist ein bisschen schlecht.
Das hier ist echt.

Wir erreichen das Lager unterhalb der Brücke. Eine Art Lichtung, auf der Zelte aufgebaut sind, viele, in unterschiedlichen Größen, schwer lastet der Schnee auf den Planen, dazwischen kleine Feuerstellen. Ich denke mir: „Es ist fünf Tage vor Weihnachten, es ist saukalt, es hat zwanzig Grad unter null, wir sollten zu Hause im Warmen sitzen und Tee trinken. Was machen wir hier?"
Ich blicke nach oben auf die Brücke und bekomme meine Antwort prompt: Die Brücke ist voll mit Einsatzwagen, Blaulicht, ständig kommen weitere Fahrzeuge dazu, größere. Es ist für mich nicht klar, was da transportiert wird. Entlang der Brüstung Beamte in Reih und Glied, jeder hat einen Hund neben sich sitzen, die Schlagstöcke zeichnen sich gegen den Himmel gut ab, die Gesichter hinter Visieren verborgen. Anonym, dunkel, bedrohlich.

„Die ziehen in den Krieg!", schießt es mir durch den Kopf.

Anna:

Manchmal musst du zuschauen, wie ein Mensch, der dir wichtig ist, völlig idiotisch handelt.

Katharina:

Und in Wirklichkeit würdest du ihn gern stoppen und anschreien? Ich mach das leider manchmal ...

Anna:

Ich finde,
man muss das
aushalten, dass sich
jemand den Kopf
anrennt.

Katharina:

Darin bist du
meine Lehrmeisterin.

Aber was sind dann wir? Und was sind unsere Waffen? Was soll das alles? Ich suche meine Schwester, sehe sie noch kurz, bevor wir beide in der inzwischen sehr großen Menschenmenge verschwinden, die sich in den letzten zehn Minuten an diesem Knotenpunkt der Auseinandersetzung versammelt hat. In Hundertschaften strömen Menschen von allen Richtungen aus dem Wald herbei.

Oben auf der Brücke werden Kommandos durch Megafone gebrüllt. Blechern, ich versteh nicht, ob sie sich an die Beamten oder an die Menschen unterhalb der Brücke richten. Ich kann es nicht hören, weil die Sprechchöre rund um mich immer lauter werden.

Ich kann das Brennen im Hals und in den Lungen spüren, wie sich die kalte Luft zusammen mit dem Knäuel in meinem Bauch, einer Mischung aus Angst und Wut, brüllend den Weg nach draußen sucht. Wir sind viele.

Auf der Brücke finden Manöver statt, die Einsatzwagen machen Platz und zwei Raupenfahrzeuge fahren langsam die Abfahrt in Richtung Absperrzaun.

Die Reaktion der Umweltschützer folgt in einem wütenden Aufschrei, jetzt beginnt die Schlacht.

Ich suche meine Schwester und dränge mich durch die Menschenmenge, ich muss mich mit ihr absprechen, sie weiß vielleicht, was jetzt zu tun ist. Plötzlich spuckt mich dieses wogende System aus, ich bin auf der Suche nach meiner Schwester an den Rand geraten, augenblicklich beißt auch die Kälte wieder nach mir. Meine olivfarbene Nato-Jacke geht bis zu den Knien, sie ist robust, hält mich aber nur warm, solange ich mich bewege.

Einer der „Waldläufer" taucht plötzlich vor mir auf, schwer atmend brüllt er mir entgegen: „Das hier ist ein Ablenkungsmanöver. Da drüben auf der Lichtung fangen sie schon an zu roden. Wir müssen alle dorthin."

Er deutet in eine Richtung und rennt weiter.

Ich renne los mit dem sicheren Gefühl, dass viele hinter mir sind, in die angezeigte Richtung. Tumult und Lärm überall. Nach circa fünfhundert Metern durch Schnee und Gestrüpp stehe ich tatsächlich am Rand einer schmalen Lichtung, auf der ein kleiner Bagger mit einem zweifingerigen Greifer anstelle einer Schaufel junge Bäume samt Wurzelstock aus der Erde reißt.

Ich habe keine Vorstellung, wie man einen Wald rodet, eigentlich dachte ich, dass die Bäume umgeschnitten würden, aber natürlich macht das Entwurzeln Sinn. Es ist endgültig. Zwei junge Bäume liegen schon auf dem Boden.

In der Früh haben sie gesagt, dass wir uns, sollte es tatsächlich zu Rodungen kommen, vor und an die Fahrzeuge hängen sollen.

Ich renne los, immer mit dem Gefühl, eine von vielen zu sein, habe keinen Plan, außer dass dieses Gerät, dass dieser Vorgang gestoppt werden muss. Einen Stock in die Speiche des Rads stecken.

Der Bagger hat den Greifer wieder auf den Boden abgesenkt und ohne weiter darüber nachzudenken, springe ich auf diese gespaltene Schaufel, die sich noch immer bewegt, halte mich am oberen Rand fest und habe das innere Bild, dass jetzt gleich ganz viele Menschen auf diesem Fahrzeug hängen werden und der Fahrer einfach nicht weitermachen kann. Ich schreie irgendetwas wie: „Verdammte Mörder!", und bemerke, dass meine Stimme sehr allein, hoch und dünn klingt. Nicht wie davor, in der großen Gruppe, im Chor des Widerstandes.

„Was ist hier los? Wieso brüllen die anderen nicht auch?"

Ich drehe mich um, aber da ist niemand. Ich hänge zum zweiten Mal innerhalb von wenigen Stunden wie ein Käfer fest. Nur diesmal bewegt sich das, woran ich festhänge. Der Baggerfahrer hat mich in der Zwischenzeit bemerkt, beschimpft mich, hält die Maschine an. Ich kann nicht fassen, in welche Situation ich mich da hineinmanövriert habe, ganz allein, aber jetzt gibt es nur mehr die Flucht nach vorne. Die anderen werden schon kommen. Bleib einfach, wo du bist. Die Stellung halten.

Der Greifer hat sich wieder zu Boden gesenkt, meine
Füße versuchen irgendwo Halt zu finden. Hundegebell,
Männerstimmen. Ich drehe mich nicht um, konzentriere
mich auf meine Hände, endlich kann ich mich mit den
Füßen abstützen, konzentriere mich auf das wütende
Gesicht des Fahrers, der aus seiner Kabine aussteigt.
„Komm sofort da runter, du blöde Kuh!"

Ich spüre einen Zug am Hals, jemand hat die Kapuze
meiner Nato-Jacke erwischt und zieht dran.
Jetzt drehe ich mich um, ein Gendarm zerrt an meiner
Kapuze, befiehlt mir loszulassen, rotes feistes Gesicht,
alterslos, brutal. Der Rottweiler an seiner Seite springt
nervös neben ihm herum, das Tier ist aufgeregt, hat
den Maulkorb auf und wartet auf seinen Einsatz. Ein
Grund mehr, oben zu bleiben.
Im Augenwinkel sehe ich endlich geduckte Gestalten
von allen Seiten herbeieilen. Verstärkung.
„Ich werde sicher nicht loslassen, wenn Sie weiter so
ziehen, werden Sie mich erwürgen! Wollen Sie das?"
Meine Hände werden müde, tun weh, ich weiß, dass
ich mich nicht mehr lange halten kann.
Plötzlich ist der Bagger umringt von Menschen. Neben
mir, auf dem Fahrzeug. Der Gendarm bekommt Stress,
er lässt mich los, fast zeitgleich lasse ich los und rolle
zu Boden. Gebrüll, Fahrzeuglärm, Wut und Angst von
allen Seiten. Ich krieche zur Seite, immer den Hund im
Blick, ich heule und muss mich fast übergeben.

„Weg hier, ich muss meine Schwester finden, hier läuft was schief!" – Zurück zu dem Ort, an dem ich sie das letzte Mal gesehen habe.

Innerhalb von vielleicht fünfzehn Minuten hat sich der Platz in einen Hexenkessel verwandelt. Die Beamten beginnen mit der Räumung, Menschen klammern sich an Bäume, liegen und sitzen ineinander verkeilt auf den Forstwegen, die zuäußerst Sitzenden werden brutal von den Gendarmen weggerissen und festgenommen. Der passive Widerstand der Besetzerinnen und Besetzer macht es den Einsatzkräften schwer.

Ich sehe ein Gesicht aus der Gruppe, mit der wir in der letzten Nacht über den Zaun geklettert sind, eine junge Frau, Tränen rinnen über ihre Wangen, ich kann nicht feststellen, ob aus Verzweiflung oder aus Wut. Ich frage sie nach meiner Schwester, sie brüllt mir zu, dass sie sie das letzte Mal in der Nähe der Auffahrt gesehen hat. Ich laufe in die Richtung, weiche den Auseinandersetzungen zwischen Protestierenden und der Staatsgewalt aus. Rangeleien, großer Stress auf beiden Seiten. Endlich sehe ich Ina, die offensichtlich auch nach mir Ausschau gehalten hat, sie schnappt mich am Arm und sagt: „Komm mit!" Ich folge ihr, froh, dass mir jemand sagt, was zu tun ist. Meine Schwester ist eine sanfte, aber bestimmte Person. Zielstrebig geht sie in die Richtung, aus der wir heute früh gekommen sind, weg vom Geschehen. Ich laufe *neben ihr her, fühle mich zugleich schlecht und erleichtert.*

„Aber wir können doch nicht einfach abhauen", sage ich.

Ina bleibt kurz stehen, schaut mir in die Augen und sagt: „Ich habe der Mutti versprochen, dass du heil wieder nach Hause kommst. Also diskutier nicht mit mir. Los!"

Ich drehe mich noch einmal um, sehe zwei Rottweiler, die sich mit einer kurzen Streifbewegung mit der Schnauze über den Boden selbst von ihren Beißkörben befreien.

Ich laufe ein bisschen schneller.

Als wir nach Hause kamen, war niemand da. Meine Mutter und mein Stiefvater marschierten auf der großen Demo mit, die zum Ballhausplatz zog. Der damalige Bundeskanzler Fred Sinowatz, der noch vor drei Tagen davon gesprochen hatte, „dass man ja gleich die Republik zusperren kann, wenn sich die Politik ihr Handeln von Studenten diktieren lässt", vollzog eine Kehrtwende. Es galt, eine hochexplosive Situation zu entschärfen.

Das Zusammenwirken von Kardinal König, Bundespräsident Kirchschläger und der *Kronen Zeitung* führte dazu, dass am 21. Dezember 1984 ein Weihnachtsfrieden ausgerufen wurde.

Meine Mutter hat am 24. Dezember Geburtstag. Die ganze Familie machte einen Ausflug in die Au. Wir schmückten einen Baum, aßen Geburtstagstorte und freuten uns.

Das Wasserkraftwerk wurde nie gebaut.

Katharina:

Die Begegnung mit mir selbst – das braucht Courage.

Anna:

Weil's mehr eine Kollision ist?

Katharina:

Bingo!

Kapitel 5

„Lies doch mal Adorno!"

Mein Stiefvater drückt mir ein Buch in die Hand: „Die Dialektik der Aufklärung". Ich bin vierzehn, spiele leidenschaftlich gern Cello, höre fast ausschließlich Strawinsky, Mahler und Bruckner. Dazwischen Popmusik. Nichts passt zusammen, eine schmerzhafte Zwischenwelt, Pubertät. Mein Kompass scheint das Magnetfeld im Norden verloren zu haben.

Ich weiß, was ich alles nicht mehr will:

Karl May ist nicht wahr, Ringelspiel ist fad, Autodrom und Hochschaubahn haben ihren Reiz verloren. Pferde sind auch kein Garant für Abenteuer und Freiheit.

Ich weiß, was ich alles will, aber nicht bekomme:

eine coole Clique, romantische Liebe, Schönheit wie in den Kinofilmen, Leichtigkeit.

Die Kompassnadel dreht sich wild im Kreis.

Keine Himmelsrichtungen, kein verlässliches Oben und Unten.

Ich schmachte die Sterne an, aber nicht um mich an den Sternbildern zu orientieren.

„Lies doch mal Adorno!", sagt mein Stiefvater.

Ich lächle und will nicht zugeben, dass ich nicht einmal den Titel verstehe. Na ja, stimmt nicht ganz: Aufklärung kenne ich schon, finde ich grad sehr spannend, aber ich weiß, dass es in dem Fall um etwas ganz anderes geht. Vielleicht führt das Studium dieses und ähnlicher Bücher dazu, dass die Nadel aufhört, sich im Kreis zu drehen.

Das erste Kapitel beschäftigt sich mit dem Begriff der Aufklärung. Bereits nach den ersten paar Sätzen wird mein Kopf schwer und ich schlafe neben dem Buch ein.

Wenn man meinem Stiefvater eine einfache Frage stellte, bekam man als Antwort einen mindestens fünfzehnminütigen Vortrag, der so ziemlich alle Aspekte der Frage enthielt und viele darüber hinausgehende, die gar nichts mit der ursprünglichen Frage zu tun hatten. Ich überlegte mir genau, wann ich ihm eine Frage stellte, es ging schließlich um Zeitmanagement.

Er hat nie versucht, eine Vaterposition einzunehmen, war und ist der Mann meiner Mutter, tat alles, damit wir Kinder gut groß werden konnten, und sorgte dafür, dass ich lernte, meinen Kopf zu verwenden, die Tiefen und Höhen, die Längen und Breiten einer Thematik zumindest anzuerkennen, selbst wenn ich sie nicht durchschaute. Allein zu wissen, dass es viel zu wissen gibt, macht ein Thema und einen Raum auf.

Das oberste ungeschriebene Gesetz lautete: nicht über Dinge reden, von denen man nichts versteht. Die Oberfläche ist meinem Stiefvater verhasst, das zu Einfache verdächtig. Er ist Künstler, Intellektueller, aber ein sehr humorvoller.

„Lies doch mal Adorno!", sagt mein Stiefvater.

Ich frage mich, was mich wirklich zum Denken bringt. Nicht im Sinne von: Wie bewältige ich meinen Alltag, wann muss ich was tun? – Nein, ich meine dieses Denken, das eine Fragestellung oder eine Situation tatsächlich durchdringen möchte. Ich meine einen Denkprozess, der Schale für Schale aufbricht und bis zum Kern vorstößt. Vielleicht mag ich diese hölzernen russischen Matrjoschka-Puppen deshalb so gern. Immer wenn es so aussieht, also ob man endlich an der Antwort dran wäre, an der Lösung, gibt es noch eine Puppe. Und noch eine.

Mittlerweile weiß ich, dass zwei Dinge unbedingt notwendig sind, damit ich anfange zu denken: Neugierde und ein Ziel. Dann kann ich bei der Lösung eines Problems große Geduld entwickeln. Und große Konsequenz.

Irgendwann, als erwachsene Frau, habe ich das mit Adorno dann doch probiert. Ich erinnere mich vor allem an einen Satz: „Es gibt kein richtiges Leben im falschen."

Vielleicht meint er damit: „Lasst euch das falsche Leben nicht als richtiges verkaufen. Fallt nicht herein auf die, die sagen, so wie es ist, ist es schon recht."

Das stimmt schon, aber wie oft steckt auch Richtiges in einer offensichtlich ungerechten, grundfalschen Situation?

Ich erinnere mich an Bogota.

Katharina:

Ich finde es schwierig, was aus dem Begriff Solidarität geworden ist.

Anna:

Was bedeutet Solidarität für dich?

Katharina:

Dass wir alles
dransetzen
müssen, dass
alle Menschen
auf diesem Planeten
die Chance auf
ein würdiges Leben
haben.

Anna:

**Weil es ihr
Recht ist.**

Katharina:

Kluges Kind.

Kapitel 6

„Mutti, wo ist Kolumbien?"

Für ein paar Tage waren Verwandte von Julias Taufpaten in Wien. Eine österreichische Familie, die in den 1920er-Jahren nach Kolumbien ausgewandert war. Unter ihnen eine ältere, sehr elegante Dame im Großmutteralter, Omi Jaeckel. An allen drei Tagen hatte sie nicht nur perfekte Kostüme an, sondern auch, was mich besonders begeisterte, Raulederpumps und eine dazu passende Raulederhandtasche im gleichen Farbton. An einem Tag alles in Blau, am nächsten alles in Beige und am dritten Tag in Dunkelrot. Wie machte sie das nur? Das musste etwas zu bedeuten haben!

Alles an ihr wirkte geordnet, heute würde ich sagen, konservativ. Bei uns zu Hause hatte ich den Eindruck, dass es gar nicht so geordnet zuging. Meine Mutter widmete sich ihrer Gesangsausbildung, war natürlich sehr für uns da, aber trotzdem. Mein Stiefvater war entweder bei Orchesterproben oder zog sich in sein Kompositionsstudio zurück und mein Vater hatte bereits eine neue Familie. In diesem gefühlten Durcheinander war diese Frau mit ihren Sämischschuhen und den dazu passenden Taschen ein attraktives Gegenprogramm.

Omi Jaeckel und ich hatten uns gleich viel zu erzählen. Sie war interessiert an mir und ich an ihr. Ich war fünf Jahre alt.

Nach drei Tagen Plaudern und Spielen sagte sie zum Abschied: „Kathi, komm mich doch mal in Kolumbien besuchen!"

Wir umarmten uns und ich fand ihren Vorschlag sofort sehr gut.

„Mutti, wo ist Kolumbien?"

„Auf der anderen Seite der Welt!"

„Ich will dorthin!"

Ich weiß nicht, warum, aber ich hatte mir in den Kopf gesetzt, dieser Einladung nachzukommen. Nach der Erzählung meiner Mutter folgten Monate, in denen ich fast jeden zweiten Tag zu ihr kam. Immer mit demselben Satz: „Mutti, ich will nach Kolumbien."

Zuerst nahm sie den Globus zur Hand und zeigte mir, wie weit Kolumbien entfernt war. Ich verstand: sehr weit weg.

„Aha, aber Mutti, ich will trotzdem nach Kolumbien."

Sie erklärte mir, dass überhaupt nicht daran zu denken sei, dass eine Fünfjährige allein nach Kolumbien reise.

Ich erinnere mich, dass ich sie verstand. Ich wusste, dass meine Idee ungewöhnlich war. Aber doch nicht unmöglich!

Lange Zeit blieb sie verständnisvoll und ruhig.

„Mutti, ich will nach Kolumbien!"

„Kathi, wenn du mich noch einmal danach fragst, flippe ich aus!"

Das war eine wirkliche Drohung, ich hatte vermintes Gebiet betreten. Für ein paar Tage verbannte ich meine Idee, aber vergessen konnte ich mein Vorhaben nicht.

Während ich das niederschreibe, muss ich über das Wort „Vorhaben" lächeln. Das schrieb sich gerade so hin. Und wenn ich darüber nachdenke, war die Idee tatsächlich zu einem „Vorhaben" geworden.

Drei Monate waren vergangen, seit Omi Jaeckel zurück in das ferne Land gereist war. Den Kopf leicht eingezogen, ein Donnerwetter erwartend, wiederholte ich meine Bitte: „Mutti, ich will nach Kolumbien."

Sie tobte nicht, atmete tief aus, setzte sich zu mir und erklärte mir, dass so ein Flug unglaublich viel Geld koste und dass sie das einfach nicht aufbringen könnten. Sie nannte die Summe. Ich hatte keine Ahnung von Geld, aber es klang nach dem Inhalt einer ganzen Schatzkammer. Und ich wusste, dass wir keinen Zugang zu einer Schatzkammer hatten. Ich sagte von da an nichts mehr und schaute sie nur an.

Lange, sehr lange. Ich versuchte zu verstehen, aber mein Wunsch wollte einfach nicht verschwinden. Er war laut, lästig und belastete das Verhältnis zu meiner Mutter und meinem Stiefvater zusehends. Meine Mutter erzählte mir später, dass sie irgendwann aufgegeben hatte. Sie hatte Verständnis gezeigt, mir die Dinge erklärt, mich beschimpft. Nichts half. Das Nächste, woran ich mich erinnern kann, ist, dass in der Verwandtschaft Geld gesammelt wurde. Das geschah so halb heimlich, ich fragte nicht mehr, wusste aber: Etwas war im Gange.

Nach einem halben Jahr war es dann endlich so weit: Ich bekam die Erlaubnis und das Flugticket, um auf die andere Seite der Welt zu reisen. In ein fremdes Land mit fremder Sprache und zu Menschen, die ich eigentlich kaum kannte. Ich war fünfeinhalb Jahre alt.

Ich saß endlich im Flugzeug mit einer Begleitperson, einer älteren Dame, an die ich mich nur schemenhaft erinnern kann. Ich schaute aus dem Fenster. Damals gab es eine Terrasse am Flughafen, auf der ich mir einbildete, meine Mutter zu sehen, sie winkte und erst da begriff ich, dass ich sie sehr lange nicht mehr sehen würde. Der Schmerz schoss mir scharf in den Körper und die Seele. Sturzbachartige Tränenflut. Bei der Geburt wird die körperliche Nabelschnur getrennt, aber ich spürte, dass diese andere Nabelschnur jetzt verdammt lange aufs Maximum gedehnt werden würde. Ich schnappte vor lauter Weinen nach Luft, eine besorgte Stewardess schnallte mich an. Das Flugzeug beschleunigte, hob ab und begann den

Steigflug. Mit jedem Meter hatte ich das Gefühl, mein Leben in Wien hinter mir zu lassen, es gab nur das Hier und Jetzt. Ich flog zum ersten Mal.

Ich stand neben meiner Begleiterin am Flughafen von Bogota, wir warteten am Förderband auf unser Gepäck, ich hatte ein Schild mit meinem Namen und meinen Pass in einer Plastikhülle an einem Band um den Hals. Mein Koffer kam, Gepäck für sechs Wochen. Omi Jaeckel holte mich ab. Bis heute frage ich mich, ob sie überrascht war, dass ich wirklich da war, dass ihre leichthin ausgesprochene Einladung dazu geführt hatte, dass sie jetzt diesen kleinen Gast aus Europa beherbergte. Ich habe sie nie danach gefragt.

Die nächsten Wochen machten mich mit einer Welt bekannt, die in ganz vielen Aspekten vollkommen neu für mich war. Omi Jaeckel war eine wohlhabende alleinstehende Frau. Sie lebte in einem noblen und großen Apartment, hatte ein Dienstmädchen und einen Kleiderschrank, dessen Inhalt mir bestätigte, was ich schon in Wien vermutet hatte: Da standen sie in Reih und Glied, Paare von Rauleder-pumps in allen Farbschattierungen und daneben die dazu passenden Kuverttaschen.

Omi Jaeckel hatte einen Sohn und eine Tochter, Enkelkinder – und viel Zeit. Alle wohnten in großen, eleganten Häusern mit Garten. Absolute Upperclass.

Freundlich, großzügig, alle mit Personal. Sie nahmen mich unkompliziert in ihren Familienverband auf, manche sprachen Deutsch, mit den anderen verständigte ich mich mit Händen und Füßen.

Ich habe ein schönes eigenes Zimmer, neben meinem Bett ist ein Klingelknopf. Omi Jaeckel erklärt mir, dass der Tag mit dem Frühstück im Bett beginnt und ich nach dem Aufwachen auf den Kopf drücken soll, damit das Dienstmädchen kommt und ich ihr meine Essenswünsche mitteile. Das war neu. Am nächsten Tag drücke ich also auf den Knopf, ich habe schlecht geschlafen, weil das Bett viel zu weich für mich ist. Das Mädchen erscheint, in Uniform und Häubchen, jung, wahrscheinlich nicht einmal fünfzehn oder sechzehn Jahre alt, ein wunderbares Lächeln, sie spricht Spanisch. Ich versuche es mit: „Kakao, por favor!" Sie nickt, versteht mich, aber mit dem Kakao ist es natürlich nicht getan, sie wartet, dass ich ihr sage, was ich sonst noch essen möchte, und da ich kein Spanisch kann, sage ich: „Spiegeleier, auf beiden Seiten gebraten!"
Sie lächelt, ich auch, das hat keinen Sinn, schließlich schlüpfe ich unter der Decke hervor, sitze kurz am Bettrand, meine Füße baumeln in der Luft. Das Bett ist wirklich hoch, wie ein Thron, ich springe runter, nehme das Mädchen an der Hand und ziehe es hinter mir her in die Küche, es kichert und flüstert irgendwas. In der

Küche zeige ich, was ich will: Eier aus dem Kühlschrank, ich suche eine Pfanne, finde sie, stelle sie auf den Herd, ab da weiß ich nicht genau, wie man das macht, suche Brot, sie ist amüsiert. Mir fällt auf, dass ich nicht weiß, wie das Mädchen heißt. Ich versuche es mit: „Nome?", deute auf mich: „Io Kathi!" – Sie versteht. „Mi nombre es Maria." Wir strahlen uns an. Kathi. Maria. Maria. Kathi. Die Schwingtür zur Küche geht auf, Omi Jaeckel steht im Morgenmantel in der Tür.

„Kathi, was machst du da?"

„Ich will mir Frühstück mit Maria machen. Das mit dem Knopf funktioniert nicht."

Sie nimmt mich zur Seite und erklärt mir, dass ich nicht in die Küche gehen soll, dass es die Aufgabe des Dienstmädchens ist, mir das Essen zu bringen.

„Aber ich will das nicht. Es ist langweilig, allein im Bett zu essen. Ich will das lieber mit Maria machen – oder mit dir!"

Sie schaut mich streng an.

In den nächsten Wochen lernte ich viel über eine andere Art zu leben. Das Dienstmädchen war für den gesamten Haushalt zuständig. Es gab einen Hauswirtschaftsraum hinter der Küche, dort wurde die Wäsche gewaschen, getrocknet und gebügelt. Ich erinnere mich nicht an eine Waschmaschine, Maria bearbeitete die Wäschestücke mit einem großen Stück Seife auf einer Art langem Waschtisch aus Stein, dann wurden sie in einem großen Topf gekocht. Marias kräftige Arme, die die Wäsche fast schlugen, ihre roten und rissigen Hände. Das Dienstmädchenzimmer war eine Art Verschlag, ohne Fenster, vom Hauswirtschaftsraum abgetrennt, eine schmale Holzpritsche mit einer dünnen Matratze, ein Schrank, vielleicht ein Schreibtisch, aber da bin ich mir nicht sicher. In jedem Fall ein Radio. Eine nackte Glühbirne an der Decke.

Nach dem Frühstück, während die Hausherrin im Bad war, wurde die perfekte Garderobe von Oma Jaeckel für den jeweiligen Tag vorbereitet. Die Bluse gestärkt, die Jacke aufgebügelt, die Raulederschuhe gebürstet, selbst die Handtasche wurde mit einer kleinen Bürste bearbeitet. Ich mochte diesen Vorgang, war fasziniert und freute mich, wenn Maria mir erlaubte, ihr dabei zu helfen. Eigentlich sollte ich die Räumlichkeiten jenseits des Esszimmers nicht betreten. Ich fand bald Wege, das strenge Regelwerk zu umgehen, ohne allzu viel Ärger zu verursachen.

Bogota war riesig, die Straßen vier- bis sechsspurige Autobahnen, die ich vom Rücksitz des Autos durch die Scheiben betrachtete. Ich hatte das Gefühl, diese Stadt würde nie enden. Alle Wege wurden mit dem Auto erledigt. Ich kann mich nicht daran erinnern, dass wir irgendwann zu Fuß gingen. Ich glaube, auf der einen Seite waren die Distanzen einfach zu groß, andererseits waren die Straßen gefährlich und drittens hätte der Schmutz der Straße den schönen Schuhen sicher nicht gutgetan.

Die feineren Adressen und schönen Gegenden waren bewacht, teilweise mit Schranken abgeriegelt.

Wir fuhren fast jeden Tag entweder zu einem der Familienmitglieder auf Besuch oder in den „Country Club". Ein Ort, der mich an Disney World erinnerte, obwohl ich nie in Disney World gewesen war. Rückblickend war dieser Ort tausendmal besser als Disney World. Der „Country Club" war keine Show, er war echt, er strahlte die echte Gelassenheit der oberen Zehntausend aus.

Ein sehr großes Areal mit verschiedenen Restaurants, Spielplätzen, Swimmingpools, Tennisplätzen und einem Golfplatz. Indoor-Spielplätze für Kinder und Jugendliche, kleine Kioske, bei denen man mit einem Bon Softeis im Stanitzel, Cola oder Chips kaufen konnte. Ich war im Paradies.

Die Schranke passieren, das Auto auf den Parkplatz für die Mitglieder abstellen, die Tür aufreißen und schon war ich weg. Ein geschützter Ort, ein Wonderland, und ich mittendrin.

Omi Jaeckel tat alles, damit ich eine abwechslungsreiche und kindgerechte Zeit verlebte. Nur was die

Etikette anging, musste ich einiges dazulernen. Strenge Tischmanieren, saubere Kleider, mädchenhaftes Benehmen.

Tante Daisy, ihre Tochter, hatte eine Rosenfarm in den Bergen. So wie bei uns Wein angebaut wird, war diese Farm ein duftender Hügel voller Rosen.

Regelmäßig fuhren wir dorthin und ich durfte mitarbeiten. Lernte etwas über den richtigen Schnitt der Rosen, die vielen verschiedenen Sorten, und dass man sie in allen Farben züchten oder einfärben kann. Es gab blaue, violette und sogar schwarze Rosen. Wenn ein tropisches Gewitter aufzog, mussten alle Arbeiterinnen und eben auch ich durch die Reihen rennen, um auf jede Knospe und Blüte ein kleines Plastikhütchen zu stülpen. Es war verrückt, aber notwendig. Später wurden die Rosen in schöne große Papierschachteln gelegt und verschickt.

Tante Daisy war eine schöne, tüchtige Frau. Immer schmutzige Gummistiefel, Jeans und ein einnehmendes Lächeln. Sie sah aus wie Doris Day.

Wir fuhren auch ans Meer und auf eine Ranch mit zierlichen Pferden und gemütlichen Sätteln, aus denen man nicht rausfallen konnte. Ich glaube, sie haben mich festgebunden. Ich wurde am Zügel durch die wildromantische Landschaft geführt und dachte: „Das soll jetzt bitte ewig so weitergehen."

Meine letzte Woche brach an und Omi Jaeckel fragte mich, was ich in den verbleibenden Tagen noch machen wollte.

„Omi, ich will noch nicht nach Hause!"

Es gab noch so viel zu entdecken, ich vermisste meine Familie nur, wenn ich ihre Stimmen am Telefon hörte. Das war eine Qual, weil die Zeitverzögerung durch die damals noch schlechte Satellitenverbindung jedes Gespräch verunmöglichte. Außerdem sprengte die Stimme meiner Mutter einen Raum in meinem Herzen auf, den ich offensichtlich bereits im Flugzeug auf dem Weg nach Bogota sanft geschlossen hatte.

„Aber deine Familie wartet auf dich!"

„Ich weiß, aber hier ist es so schön. Ich will nicht. Noch nicht!"

Offenbar war ich überzeugend. Vielleicht lag es auch daran, dass Omi Jaeckel mich tiefer in ihr Herz geschlossen hatte, als ich mich erinnern kann.

Verhandlungen mit Wien und der Fluglinie wurden geführt.

Mein Rückflug wurde verschoben. Noch weitere vier Wochen!

Omi Jaeckel schlug vor, mich in einen Kindergarten zu schicken.

Ich war sofort dabei. Neue Kinder, neue Spiele, Abwechslung.

An der Decke hängt ein großes Tier aus Pappmaché,
ich weiß nicht mehr, ob ein Elefant oder ein Wal, groß,
rund, verheißungsvoll. Eines der Kinder hat Geburtstag, ein Mädchen. Man verbindet ihm die Augen und
es bekommt einen langen Stock in die Hand. Während
die anderen Kinder singen, versucht das Geburts-

tagskind, mit dem Stock so fest wie möglich auf das
Pappmachétier einzuschlagen, damit es zerbricht. Alle
jubeln und feuern das Mädchen an. Es gelingt nicht,
das nächste Kind kommt dran.
Endlich bin ich an der Reihe, ich habe für den ersten
Tag im Kindergarten mein schönstes Kleid angezogen.
Es ist rot, hat einen weißen Kragen und Puffärmel.
Omi Jaeckel hat es mir gekauft. Auch mir werden die
Augen verbunden, fest umklammere ich den Stock
mit beiden Händen. Ich hoffe sehr, dass ich treffe, um
mich nicht zu blamieren, und gleichzeitig erscheint es
mir nicht klug, am ersten Tag so viel Aufmerksamkeit
auf mich zu ziehen.
Das Kind nach mir trifft, fest, hart. Das Tier zerbricht,
der Inhalt seines Bauches ergießt sich über uns: Zu-
ckerl, Kaugummilutscher, Schokolade.
Wir singen, tanzen und schlagen uns den Bauch voll.
Ich gehöre dazu, ohne etwas tun zu müssen. Keiner
fragt, keiner macht einen Unterschied.
Danach will ich mit zwei von den Kindern Fangen spielen, sie verstehen mich nicht, schauen mich fragend

an, ich denke: „Das ist doch nicht so schwer: Ich laufe
weg und du fängst mich!"
Ich begreife, dass ich etwas ändern muss. Die Spra-
che. Also klaube ich in meinem Kopf die Begriffe zu-
sammen, die ich bis dahin aufgeschnappt habe, und
wir beginnen miteinander zu spielen. Ich werde Teil
einer neuen Gruppe, und das für länger. 83

Meine Abreise wurde noch zweimal verschoben. Am Ende blieb ich ein halbes Jahr in Kolumbien. Ich lernte Spanisch, vergaß ein bisschen Deutsch, fühlte mich schon fast zu Hause.

Nur an eine Sache konnte ich mich nicht gewöhnen: Maria, das Dienstmädchen, durfte nicht meine Freundin sein, obwohl sie es schon längst war. Ich verstand diese Trennung nicht. Was sollte das?

Wenn ich mir sicher war, dass Omi Jaeckel schon im Bett war, schlich ich aus meinem Zimmer, stopfte vorher Kleider unter die Decke, sodass es aussah, als ob da jemand im Bett schliefe. Ich tappte den langen und dunklen Gang zum Esszimmer entlang, querte die Küche und stand schließlich im dunklen Hauswirtschaftsraum. Ich klopfte an Marias Tür, sie öffnete, schüttelte den Kopf und lächelte. Ich schlüpfte unter ihre Decke, sie drehte das Licht ab und legte sich zu mir. Es war eng auf der schmalen Pritsche, aber der harte Untergrund und ihre Nähe waren wunderbar, wir plauderten ein bisschen, sie erzählte mir von ihrer Familie, ich hörte zu und schlief glücklich ein. In der Früh weckte sie mich und ich schlich wieder zurück in mein Bett.

Maria hatte nur einen Tag in der Woche frei, sonntags. Sie verschwand dann oft schon Samstagabend, nach dem Abendessen, mit einem kleinen Koffer in der Hand und manchmal mit Resten des Abendessens, das sie uns kurz davor serviert hatte. Die Bindung zu ihrer Familie war stark, ich wusste, dass sie zu Fuß zur nächsten Busstation ging und mit einem dieser großen, stinkenden und laut ratternden Ungetüme in die Favelas fuhr.

Immer öfter dachte ich mir: „Ich will mit! Ich will ihre Familie kennenlernen."

Maria ist wie eine große Schwester für mich. Eine, mit der ich nicht über Spielzeug oder Zimmeraufteilung streiten muss. Ich weiß, das Thema ist heikel, aber eines Abends bei guter Stimmung, Omi Jaeckel ist bestens gelaunt und entspannt, frage ich sie, ob ich nächstes Wochenende mit Maria zu ihrer Familie fahren darf. Plötzlich ist es vorbei mit der guten Stimmung. Etwas an meiner Frage ist ganz unerhört. Omi Jaeckel erklärt mir, dass daran nicht zu denken ist, weil die Favelas die gefährlichsten Gebiete in ganz Bogota sind. Wirklich gefährlich!

„Aber Maria kommt doch jeden Montagmorgen heil zurück! Sie passt also gut auf! Bitte, Omi! Bitte!"

Intensive Verhandlungen beginnen. Ich erzähle Maria von meinem Plan, sie freut sich und erschrickt gleichzeitig.

Ein paar Tage danach, Maria hat zu Mittag gerade die Nachspeise serviert, gebratene Bananen mit Zimt und Honig, und will wieder zurück in die Küche, setze ich alles auf eine Karte.

„Omi, ich habe Maria gefragt, ob ich mitkommen darf. Sie hat gesagt, dass sich ihre Familie sehr freuen würde, mich kennenzulernen."

Maria wird rot und schlägt die Augen nieder. Omi Jaeckel holt hektisch Luft.

„Aber ich habe dir doch gesagt, dass das viel zu gefährlich ist!"

„Ja, aber wir würden am Sonntag ganz in der Früh fahren und am Abend wieder zurück sein. Nicht übernachten, nur für einen halben Tag. Bitte!"

Die Verhandlungen laufen über mich, eine direkte Kommunikation scheint unpassend. Für beide.

Maria steht noch immer wie angewurzelt da, schließlich dreht sie sich um und verschwindet durch die Schwingtür in die Küche. Stille. Omi Jaeckel hat ihren strengen, missmutigen Gesichtsausdruck: „Ich werde darüber nachdenken!"

Schnell rutsche ich von meinem Sessel, Bussi auf die Wange und ab in mein Zimmer. Jetzt heißt es warten.

Katharina:

Weißt du, was mir bei den Leuten am meisten auf die Nerven geht!

Anna:

Was denn?

Katharina:

Diese ewige Jammerei, aber dann nichts tun. Im Kaffeehaus sitzen, brillant-intellektuelle Analysen hinlegen, aber nichts tun. Ich verstehe diese Passivität einfach nicht!

Anna:

Vielleicht ist das die österreichische Gemütlichkeit?

Katharina:

Wie soll sich was ändern, wenn man keine Handlung setzt? Die kann ja ganz klein sein oder auch groß, aber es muss eine Handlung sein. Wir sind doch das, was wir tun, oder nicht?

Danach wird meine Erinnerung und auch die Vorstellung der Zeit unscharf, klar habe ich aber das Bild vor mir, dass ich eines Sonntagmorgens, ganz früh, es war noch recht kühl, an der Hand von Maria zur Bushaltestelle ging.

Ich wusste, dass ich mich des Vertrauens würdig erweisen musste, war glücklich, etwas Neues zu erleben, aber vor allem die Menschen kennenzulernen, mit deren Geschichten ich oft neben ihr eingeschlafen war.

Im Bus beginnt für mich schon wieder eine neue Welt: Alles ist laut, voll mit Menschen, die Koffer, Lebensmittel und Tiere transportieren. Hunde, Hühner in Kartons und sogar einen Vogelkäfig mit einem Papagei sehe ich. Ich halte Marias Hand fest, sie lächelt mich an und ich merke, dass sie sich verändert hat, als ob sie mit jeder Minute Fahrzeit schichtweise ihre Dienstmädchen-Identität abstreifen würde. Sie ist jetzt freier, lauter, lustiger. Ab hier beginnt ihr Leben, ihr Kosmos und ich bin Gast.
Maria lacht, begrüßt Freunde und Bekannte, die auf unserer Fahrt zusteigen. Ich schaue aus dem Fenster, die Straße wird schmaler, keine sechsspurige Avenida, eine holprige zweispurige Fahrbahn, keine hohen Apartmentblocks. Es ist, als ob der Bus durch ein Paralleluniversum fährt, das zur gleichen Zeit an diesem

Ort existiert, zu dem ich aber bis zu diesem Moment
keinen Zutritt hatte.

Straßenzüge mit geduckten kleinen Häusern, herren-
lose Hunde laufen kreuz und quer, sie gehören niemandem und niemand gehört zu ihnen, der Bus hupt,
er bremst selten.

Schließlich erreichen wir den Endpunkt der Busroute,
ab da geht es zu Fuß weiter. Die Straßen sind steil, un-
gepflastert, rote, satte Erde unter unseren Füßen, die
Wolken hängen tief, die üppige Natur wird durch die
Verschläge und Baracken nur notdürftig davon abge-
halten, sich in einem Wimperschlag der Zeit zurückzu-
holen, was bisher ihr gehört hatte.

Ich bin schon ein bisschen müde, wir gehen lange, ich
lasse mir nichts anmerken. Nach vielen Stufen, diver-
sen Abzweigungen, am Ende eines Weges, schon halb
im Dschungel sehe ich rechts eine große Plastikplane.
Maria ruft die Namen ihrer Familienmitglieder, die
Plane hebt sich an einer Stelle, strahlende Menschen
umringen uns, führen uns ins Innere ihres Zuhauses.
Alle lachen, reden ununterbrochen, ich verstehe nicht
so viel, sie sprechen einen Dialekt, und den viel zu
schnell. Maria schreitet ein und stellt mir jedes Fa-
milienmitglied vor. Sie hat zwei Schwestern und drei
Brüder, alle jünger als sie. Ihre Eltern: freundliche, ge-
gerbte Gesichter. Die ganze Familie ist bunt gekleidet,
indigene Züge, Maria ist die Hellhäutigste unter ihnen.

Ich schaue mich um. Maria erklärt mir, dass sie stolz sind, ein richtiges Haus zu bauen. Keine Baracke auf rohem Lehmboden, sie haben schon ein betoniertes Fundament und zwei der vier Wände. Und tatsächlich stehen wir auf einer Betonfläche, die in der Mitte eine offene Feuerstelle hat, in einer Ecke stehen ein Schrank und eine Vitrine, der Rest des Hauses besteht aus Planen, das Dach aus Holzbalken und Palmblättern. Ein Tisch mit Sitzgelegenheiten, nicht nur Sessel, auch Kisten, Plastikkanister, große Metallbehälter. Ich kann mich nicht an Betten erinnern, aber an ein rudimentäres Badezimmer, mit Plumpsklo und Waschbottich. Alles ist offen, die Natur ganz nahe, keine Türen, die man abschließen kann. Bis zu diesem Zeitpunkt hatte ich solche Armut noch nie gesehen. Ich hatte keine Vorstellung davon. Die komplette Abwesenheit von Besitz und Sicherheit.

Und während ich mich frage, ob ich ohne gemütliches Bett, ohne Spielsachen leben könnte, wirbeln rund um mich Lachen, Singen, Gespräche, Lebensfreude. Ich erfahre, dass Marias Geschwister alle in die Schule gehen, dass ihre Eltern auf den Feldern arbeiten. Marias Mutter kümmert sich ums Mittagessen. In einem Kessel über der Feuerstelle brodelt irgendwas, das sehr gut riecht. Es beginnt zu regnen.

Maria packt die Leckerbissen aus, die sie aus der Stadt mitgebracht hat. Auf dem Tisch Blechteller,

Löffel, jeder bekommt ein Stück gelbes Maisbrot und der Bohneneintopf wird verteilt.

Sie nehmen mich vollkommen selbstverständlich in ihrer Mitte auf, nicht weil sie mich kennen, nicht weil ich ihnen irgendeinen Vorteil bringe, nicht weil sie viel haben, das sie teilen könnten. Sie fragen nicht, sie wickeln mich in eine dicke Decke der vorbehaltlosen Gastfreundschaft und Zuneigung.

Wir müssen zurück. Feste Umarmungen, Segenswünsche – und wir laufen durch den Regen zum Bus.

Ich frage mich, was aus Maria geworden ist. Sie müsste jetzt Anfang sechzig sein. Wenn ich an sie denke, sehe ich nur blühende Jugend, lange schwarze Haare, sie reichen ihr fast bis zur Taille, immer straff zu einem Zopf oder zwei dicken Zöpfen geflochten. Helle, saubere Kleider. Nein, ich kann mir nicht vorstellen, dass sie eine Frau Anfang sechzig ist.

Keine Entwicklung, kein Altern, es gibt weder Zeit noch Abschied.

Nur Erinnerung.

Katharina:

Ich weiß nicht, ob ich den Mut hätte, mir im Iran das Kopftuch runterzureißen.

Anna:

Und aus der Reihe zu tanzen?

Katharina:

Die Frauen riskieren täglich ihr Leben. Könntest du das?

Anna:

Nonkonformismus ist auch bei uns nicht leicht.

Kapitel 7

Angst, Freiheit, Vertrauen

Das Telefon läutet.

Sie: „Guten Morgen, Kätzchen. Ich hab gestern nichts von dir gehört. Alles gut bei euch?"

Ich: „Ja, sorry, ich konnte nicht abheben, ich war im Verlag!"

Sie: „Ah ja, wegen dem Buch."

Ich weiß, dass meine Mutter das Projekt „Buch" von der Ferne beäugt. Mit ein wenig Vorbehalt.

Sie sagt das so nicht und vielleicht unterstelle ich ihr etwas, aber vermutlich denkt sie: „Das Kind macht schon wieder etwas, das es gar nicht gelernt hat. Einfach so ein Buch schreiben. Sie ist Schauspielerin, das ist schwierig genug. Warum jetzt ein Buch?" Oder so ähnlich.

Meine oft eher bunten Unternehmungen werden (und wurden) mit Liebe, aber auch mit Besorgnis beobachtet.

Sie: „Und wie geht es dir mit dem Buch?"

Ich: „Na ja, es ist ein aufregender Prozess, der viel Zeit braucht. Apropos, ich muss jetzt weitermachen. Ich fang gerade das Kapitel über dich an."

Sie: „Na servas."

Meine Mutter hat eine sehr schöne Routine: Sie ruft ihre drei sehr erwachsenen Töchter fast jeden Tag an. Manchmal nur ganz kurz. Nur die Stimme hören. – Alles okay?

Manchmal kommt sie mir vor wie eine Fledermaus, die Schallwellen ausschickt und an der Art, wie die Schallwellen zurückkommen, den Raum für den jeweiligen Tag definiert. Für sich und für uns.

Als ich jung war, war das manchmal lästig. Weil schließlich ist frau schon erwachsen, grenzt sich ab, geht eigene Wege, hat Geheimnisse, kühne Pläne und noch nicht ganz ausgebackene Vorhaben. Nichts, worüber man mit den Eltern reden will.

Als meine Mutter ungefähr in meinem Alter war, hatte sie eine ernste gesundheitliche Herausforderung zu meistern. Zum ersten Mal blieben die Anrufe aus. Das war nicht drin, die Kraft reichte nicht. Ich war Mitte zwanzig. Etwas fehlte.

Mir wurde klar, dass erst die Abwesenheit von Gewohntem dazu führt, Dinge zu schätzen.

Nach wenigen Monaten hatte meine Mutter den Kampf um ihre Gesundheit für sich und das Leben entschieden. Aber ich wurde erst ruhiger, als sie wieder täglich anrief.

Vor ungefähr drei Jahren. Das Telefon läutet.

Sie: „Wie geht es dir, mein Schatz?"

Ich: „Okay, viel los. Ich hab verschlafen, muss unter die Dusche und dann los. Und bei euch, alles gut?"

Sie: „Jaja, gestern waren wir im Kino. Ein isländischer Film über eine ungewöhnliche Frau, die aus Protest Strommasten in die Luft sprengt. Da mussten wir an dich denken."

Ich: „Herzlichen Dank für die Assoziation!"

Sie: „Schau ihn dir an. Die Musik war großartig. Schräg, chorisch. Witzige Charaktere."

Ich: „Okay, mach ich. Ich habe aber nie Strommasten in die Luft gesprengt und habe das auch nicht vor."

Sie: „Ich weiß, aber die Frau würde dir trotzdem gefallen."

Ich: „Baba, Bussi an den Kurti!"

Meine Mutter und mein Stiefvater, Kurt Schwertsik, kannten einander schon vor der Ehe mit meinem Vater. Beide damals noch ganz jung: sie vierzehn und er einundzwanzig. Sie waren knappe fünf Jahre zusammen, dann trennten sie sich, heirateten jeweils andere Partner, setzten Kinder in die Welt, ließen sich scheiden, um danach wieder zusammenzukommen. Wenn ich an die beiden denke, dann kommen sie mir vor wie Seepferdchen. Seepferdchen verbringen ihr ganzes Leben miteinander. Sie schweben einander zugewandt durch die Endlosigkeit der Meere.

Ja, das sind meine Mutter und mein Stiefvater.

Sie leben ein Künstlerleben. Mit Musik, mit Literatur und viel Humor. Kurt Schwertsik ist einer der angesehensten Komponisten seiner Zeit, meine Mutter Sängerin und Schauspielerin. Sie lieben das Absurde, das Naive und die intellektuelle Auseinandersetzung. Wenn ich darüber nachdenke, dass beide kurz vor oder während des Zweiten Weltkriegs geboren wurden – beide mit bürgerlichem Hintergrund –, erscheint es mir als eine besondere Pionierleistung, dass sie sich für eine Lebenshaltung entschieden haben, die nicht in erster Linie von Sicherheitsüberlegungen geprägt war, sondern das individuelle Glück im Zentrum hatte. Man nannte das lange Zeit Selbstverwirklichung. In jüngster Zeit, so finde ich, hat diese Konzentration auf das Individuelle einen eigenartigen Beigeschmack bekommen. Es scheint mittlerweile wichtiger zu sein, eine inszenierte Persönlichkeit nach außen zu tragen, als über dringend notwendige solidarische Lösungen für alle zu diskutieren.

In jedem Fall durfte ich in einem Umfeld groß werden, in dem eigentlich viel möglich war. Auf die Frage, die ich meiner Mutter als Vierzehnjährige stellte, nämlich ob ich eher Schauspielerin oder Cellistin werden sollte, antwortete sie: „Tu das, was dir den größten Spaß macht, und dann versuche, davon zu leben."

Ob diese Entscheidung auch eine materielle Absicherung beinhaltet, war zweitrangig. Heute ist mir klar, dass meine Mutter und mein Stiefvater oft nicht wussten, wie sich das Leben mit drei Töchtern finanziell ausgehen solle, aber davon habe ich nie was mitbekommen.

Erst viel später habe ich die Freiheit erkannt, die uns Kindern damals geschenkt wurde.

Der Satz dazu lautete: Hab keine Angst.

Katharina:

Jede und jeder von uns trägt ein Achtmilliardstel Zivilgesellschaft in sich. Und kann, wenn er oder sie will, ein Achtmilliardstel Zivilcourage draus machen.

Anna:

Indem du ein anderes Achtmilliardstel fragst, ob er oder sie auch scheiße findet, was du scheiße findest?

Katharina:

Und plötzlich bist du zu dritt und zu viert.

Kapitel 8

In dieser Nacht waren wir Hunderte

Budapest 2015

**„Antifa Simmering, wie können wir helfen?"
– Ein VW-Bus hält neben der Landstraße
irgendwo hinter der ungarischen Grenze, in
der Nähe eines kleinen Bahnhofs. Es ist kalt
geworden in den letzten zwei Tagen, der Wind
peitscht den Regen fast waagrecht über die
flache Ebene.**

**Vor fünf Stunden hat mich ein Freund
angerufen: „Kathi, ich habe gerade die
Koordinaten einer großen Gruppe von
Geflüchteten bekommen, ungefähr
150 Menschen, die in der Nähe der
österreichischen Grenze im Niemandsland
gestrandet sind. Auf der ungarischen Seite.
Sie sind völlig erschöpft, viele Kinder. Hast du
Zeit zu kommen?" – Es ist derselbe Freund, mit
dem ich vor drei Tagen in Budapest war.**

In den ersten Septembertagen 2015 spitzt sich die
Situation der großteils syrischen Flüchtlinge zwischen Ungarn, Österreich und Deutschland zu. Zu
Hunderten werden sie in Budapest am Bahnhof Keleti, dem Ostbahnhof, festgehalten. Vorerst Endstation einer langen Flucht aus Syrien oder den
benachbarten Erstaufnahmeländern. Die meisten
wollen nach Deutschland und Schweden. Österreich,
Deutschland und Ungarn können sich nicht auf ein

Prozedere einigen, mit dem Ergebnis, dass die Menschen rund um den Bahnhof warten müssen. Tagelang. Es wird ihnen der Zutritt zu internationalen Züge verwehrt, die Versorgung ist schlecht, es ist heiß, die Stimmung kocht.

Einige von ihnen beschließen, zu Fuß weiter in Richtung österreichische Grenze zu gehen. Im Fernsehen werden Bilder von langen Menschenschlangen gezeigt. Sie schleppen das Notwendigste mit sich, Koffer, Plastiksäcke, und wenn die Kinder nicht mehr können, werden auch sie getragen. Alte und kranke Menschen werden in wackeligen Rollstühlen am Straßenrand geschoben.

Am 3. September 2015 erlaubt die ungarische Regierung 600 Geflüchteten, einen Zug zu besteigen, der sie nach Deutschland bringen soll. Aber es handelt sich um eine Finte, 35 Kilometer außerhalb von Budapest, in einer kleinen Stadt namens Bicske, wird der Zug aufgehalten und von Polizei umstellt. Dort befindet sich eines der ungarischen Flüchtlingslager, in dem die Insassen des Zuges untergebracht werden sollen. Sie weigern sich jedoch auszusteigen und verharren rund dreißig Stunden im Zug. Gleichzeitig verbreitet sich die Nachricht über ihre Situation wie ein Lauffeuer, woraufhin keine weiteren Flüchtlinge in Züge steigen.

All das verfolge ich über die verschiedensten Medienkanäle. Mir wird übel, ich bin wütend, diese Menschen werden nicht wie Menschen behandelt, sondern wie Vieh. Ich kann nicht wegschauen, ich weiß davon, es treibt mich um. Ich kann mich kaum auf meine Arbeit konzentrieren, wobei das an diesem Tag sehr wichtig wäre, weil ich einen Kulturpreis moderieren soll, den das österreichische Außenministerium verleiht. Über Tage habe ich mich akribisch vorbereitet, meine Moderation wohl überlegt, Auftrittskleidung gewählt. Aber mein Kopf ist anderswo.

Am Nachmittag rufe ich einen Freund aus der Lokalpolitik an: „Hast du die Bilder aus Budapest gesehen? Die locken die Menschen in den Zug und stecken sie dann in ein Lager! Das erinnert mich an andere Zeiten. Eine riesige Sauerei! Warum tut niemand was?"

Er: „Es laufen Verhandlungen, Kathi. Mehr weiß ich auch nicht."

Ich: „Ja, aber was passiert in der Zwischenzeit mit den tausenden Menschen, die in Budapest festsitzen? Die können nicht vor und nicht zurück. Ich habe gehört, dass die Versorgung mit Essen und Trinken schlecht ist. Ich fahr dorthin, bringe Essen. Und vielleicht nehm ich wenigstens ein paar Menschen mit nach Wien!"

Er: „Spinnst du? Die Ungarn stecken dich ins Gefängnis, und was die Österreicher machen, weiß ich nicht."

Ich: „Heute kann ich eh nicht. Aber morgen!"

Die Preisverleihung läuft äußerst gesittet ab. Reibungslos. Die fürchterlichen Szenen, die sich ein paar hundert Kilometer weiter östlich abspielen, werden mit keinem Wort erwähnt.

An diesem Abend ist der österreichische Außenminister persönlich anwesend. Ich lerne einen jungen Mann kennen, der vollendete Umgangsformen hat, einen eleganten Anzug trägt und mit sanfter Stimme spricht. Er hält eine kurze Rede, die alles beinhaltet, was man an so einem Abend von einem Außenminister erwartet. Nach der Veranstaltung werden wir einander vorgestellt. Ich frage ihn nach der Situation in Budapest. Diplomatisch gibt er mir zu verstehen, dass Gespräche laufen und dass das alles sehr kompliziert sei. Es amüsiert mich, wie mir dieser junge Mann, der einmal Bundeskanzler sein wird, die Welt erklärt.

Am Ende des knappen Austausches sagt er diesen einen Satz, der mir bis heute sehr präsent ist: „Schauen Sie, Frau Stemberger, das ist natürlich alles schrecklich, was sich da abspielt, aber unsere eigentliche Anteilnahme muss doch den Menschen in Syrien gelten, die gar keine Möglichkeit haben, das Land zu verlassen."

Er lächelt, reicht mir die Hand und verschwindet mit seiner Entourage. Und ich stehe da, denke über diesen letzten Satz nach.

Am nächsten Morgen steht mein Entschluss fest: Ich werde am Abend mit dem Auto nach Budapest fahren, Hilfsgüter bringen, und wenn es möglich ist, eine Familie mit zurücknehmen. Eine meiner besten Freundinnen hat ein großes Auto, auf die Rückbank passen drei Kindersitze, ich rufe sie an und frage, ob sie mitfährt. Kurzes Zögern – okay.

Es kommt mir in den Sinn, dass wir möglicherweise auch medizinische Unterstützung brauchen. Ich rufe meinen 74-jährigen Vater an.

Ich: „Vati, du hast doch die Sauerei in Budapest mitbekommen, oder?"

Er: „Ja, das ist schlimm, wie die Menschen dort behandelt werden!"

Ich: „Ich habe beschlossen, heute Abend mit Essen, Trinken und Hygieneartikeln nach Budapest zu fahren. Kommst du mit?"

Er: „Heute Abend?"

Ich: „Ja."

Er: „Okay."

Ich: „Treffpunkt 18 Uhr bei mir. Ich mach Erdäpfelgulasch für alle."

Am Abend treffen wir uns zum Essen: mein Vater, meine Freundin und zwei weitere Freunde. Die Autos sind bis unters Dach voll mit Windeln, Wasser, Feuchttüchern, Decken und verpackten Speisen. Wir besprechen die Lage: ob wir mit leeren Autos zurückfahren oder ob wir Familien mitnehmen. Nach Auskunft eines Anwalts laufen wir Gefahr, in Ungarn wegen Schlepperei angezeigt zu werden, und in Österreich kann es auch ungemütlich werden. Ich rufe einen zweiten Anwalt an.

Er: „Na ja, Sie nehmen ja kein Geld dafür."

Ich: „Es kann ja nicht strafbar sein, Menschen von Ungarn nach Österreich zu bringen, um sie dort in den Zug zu setzen, oder?"

Er: „Ich denke nicht, aber ich erkundige mich genauer und melde mich bei Ihnen!"

Fünfzehn Minuten später ruft er zurück. Seine Stimme klingt eine Oktave höher.

„Frau Stemberger, machen Sie das ja nicht! Die Ungarn haben das Gesetz verschärft. Wenn Sie mit Geflüchteten in Ungarn aufgegriffen werden, drohen Ihnen bis zu drei Jahre Haft und in Österreich eine Verwaltungsstrafe von 1.000 Euro pro Kopf."

Ich bringe diese zweite Meinung an den Tisch zu den anderen. Das klingt nicht gut und ist durchaus ernst zu nehmen. Wir beschließen, nach Budapest zu fahren, den Inhalt unserer Autos zu verteilen, und dann soll jeder für sich die Lage bewerten.

Auf der Autobahn läutet mein Handy. Es ist der Anwalt von vorhin.

Er: „Frau Stemberger, haben Sie darüber nachgedacht, was ich Ihnen gesagt habe?"

Ich: „Ja, habe ich."

Er: „Und?"

Ich: „Ich bin auf dem Weg nach Budapest."

Er: „Das habe ich befürchtet. Was auch immer Sie beschließen, dort zu tun: Ich habe das Handy neben dem Bett. Da ich Sie so eingeschätzt habe, habe ich meine Kontakte beim österreichischen Außenministerium aktiviert. Ich bin jederzeit für Sie erreichbar."

Ich: „Herzlichen Dank, aber so ernst wird das doch alles nicht werden. Wir bringen jetzt einmal runter, was wir in den Autos haben, und dann sehen wir weiter."

Ich lege auf und merke, dass ich mich zu ärgern beginne. Eigentlich bin ich wütend. Das mit der Wut ist so eine Sache, sie ist ein sehr starkes Gefühl, eines, das einen blind machen kann, aber auch eines, das einen davor schützt, das zu spüren, was möglicherweise unter der Wut steckt: Traurigkeit, Fassungslosigkeit, Angst, Ohnmacht und Einsamkeit.

Wir fahren im Konvoi. Fünf Autos mit Wiener Kennzeichen auf der Ostautobahn Richtung Budapest. Für Anfang September ist es auffallend warm. Ab der ungarischen Grenze ist verstärkt Polizei auf der Autobahn unterwegs, aber sonst ist nicht viel los. Um 22 Uhr sind wir da.

„Eine K.-u.-k.-Perle", denke ich mir, als wir durch die wunderschön beleuchtete Stadt fahren, die sich rechts und links an die Donau schmiegt. Kaum Verkehr, alle sind zu Hause, es ist ruhig, die Welt ist in Ordnung. Scheinbar.

Wir kommen am Hauptbahnhof an und schlagartig ist alles anders: Der Platz vor dem Haupteingang und die Betonflächen links und rechts davon sind voll mit Menschen. Hunderte! Laut offiziellen Berichten sollen in diesen Tagen bis zu 3.000 Menschen vor dem Bahnhof festsitzen.

Wir parken unsere Autos und nähern uns der Szenerie. Die meisten schlafen – auf dem nackten Betonboden. Ich sehe vor allem Familienverbände, die Kinder und Babys in der Mitte und die Erwachsenen rundherum. Zwischen ihnen Plastiksäcke, ab und zu ein Koffer. Ein paar wenige sind wach, wandern herum, reden leise miteinander, telefonieren, rauchen. Es ist relativ ruhig und gleichzeitig habe ich das Gefühl, in einem Kriegslager zu stehen.

Wir finden einen Dolmetscher und erklären, dass wir Wasser, Essen und Hygieneartikel mitgebracht haben. Wir erkundigen uns danach, wie es den Menschen geht und was sie brauchen. Was wir erfahren, passt zu dem, was ich sehe, aber vor allem zu meinem Gefühl: Diese Menschen werden im Stich gelassen – kaum Versorgung mit Wasser, kein Essen, keine medizinische Versorgung, nichts. Nicht wenige haben Verletzungen an den Füßen, manche haben Fieber, es fehlt an Medikamenten aller Art, vor allem die Diabetiker sind in einer schwierigen Situation. Keine Gelegenheit, sich zu waschen, Toiletten gibt es zu wenige. Der Vorplatz hat ein Untergeschoss, eine Unterführung. Wir sehen vor allem ältere und gebrechliche Menschen, die sich dort ein bisschen geschützter fühlen. Viele sitzen in Rollstühlen oder auf dem Boden. Fassungslose, apathische Gesichter. Zu müde, zu erschöpft, ohne Hoffnung, manche weinen einfach still vor sich hin. Das passiert alles, während die Menschen in den Häusern rundherum gut und sicher schlafen.

Da stehen wir nun, vor hunderten Verzweifelten, denen nicht nur ihre Würde genommen, die auch ihrer Rechte beraubt worden sind. Die zum Spielball von Terror, Feigheit und Gier geworden sind. Wir beschließen, dem Dolmetscher, der offensichtlich auch so etwas wie eine Anlaufstelle innerhalb dieser Gruppe unfreiwillig Gestrandeter ist, die mitgebrachten Sachen zu übergeben. Er wird wissen, wer sie am dringendsten braucht. Für mich steht zu diesem Zeitpunkt fest, dass ich keinesfalls mit einem leeren Auto nach Wien zurückfahren werde.

Wir sprechen uns ab, alle sind gleichermaßen entsetzt, überwältigt und sprachlos. Ich blicke zu meinem Vater hinüber, er steht da, schüttelt den Kopf. Er ist Tropenarzt, er hat viel Krankheit und Leid an entlegenen Plätzen dieser Welt gesehen, an Orten, die wir „Dritte-Welt-Länder" nennen.

„Kathi, das ist eine humanitäre Katastrophe. Diese Menschen sind dehydriert, komplett erschöpft, traumatisiert."

In Wien hatten wir besprochen, vor allem Familien mit kleinen Kindern mitzunehmen. Jetzt ist klar, dass alle Menschen hier wegmüssen, dass das so nicht geht, nicht mitten in Europa, nirgends auf der Welt.

Wieder bitten wir den Dolmetscher um Hilfe. Wir haben insgesamt 22 Plätze. Er nickt, versteht, dass wir helfen wollen, gleichzeitig ist es zynisch, eine Auswahl zu treffen. Er zeigt auf eine Familie, die in der Nähe auf dem Boden liegt und schläft. Vier kleine Kinder, zwei Frauen, ein Mann. Wir wecken den Mann. Er ist so erschöpft, dass es schwer ist, ihn wach zu bekommen.

Der Dolmetscher fragt ihn, wohin er und seine Familie reisen wollen. Deutschland, sie haben dort Freunde. Er erklärt dem Mann, dass wir einen Transport nach Wien anbieten. Er ist jetzt hellwach und gleichzeitig ganz offensichtlich misstrauisch.

Er: „Was kostet das?"

Der Dolmetscher übersetzt.

Ich: „Nichts, wir sind gekommen und wollen helfen."

Das Misstrauen wird noch größer. Ich verstehe nicht gleich, blicke in seine Augen und sehe den Schmerz.

Ich zücke mein Handy und zeige ihm Bilder von meiner Tochter, meinem Mann, meinen Geschwistern. Ich bitte den Dolmetscher zu sagen, dass ich kein Geld will, aber nicht garantieren kann, dass wir ohne Zwischenfall nach Wien kommen. Schließlich bitte ich den Mann, mir zu folgen, zeige ihm unsere Autos und auf der Karte am Handy die Route, die wir fahren wollen. Er weckt seine Familie. Sie beginnen sich zu besprechen.

In der Zwischenzeit haben wir noch eine andere Familie, Eltern und zwei Kinder im Teenageralter, im Untergeschoss angesprochen, sie stammen aus Aleppo. Offensichtlich Upperclass, gut gekleidet, sehr gutes Englisch, sie haben so gut wie kein Gepäck mit, auch sie sind einfach nur um ihr Leben gelaufen.

Ich muss mir selbst oft sagen: Keine Tat, kein Gedanke, kein Wort, das gesprochen worden ist, geht verloren. All das ist irgendwo in der Welt. Aber wenn ich's nicht rausschicke, ist es nicht da.

Ein alleinstehender Mann in meinem Alter spricht mich in gutem Englisch an. Er hat mitbekommen, dass wir Menschen nach Wien bringen wollen.

„Can you please take me with you? I can pay!"

Ich erkläre ihm, dass wir Familien mit Kindern mitnehmen. Er schlägt die Augen nieder, fast weint er.

„I understand. I am very happy for the families, thank you."

Ich fühle mich schrecklich.

Zwei Stunden später sind wir komplett: Fünf Autos, 22 Menschen, elf davon sind Kinder. Wir werden Budapest nicht im Konvoi verlassen, um keine Aufmerksamkeit zu erregen.

Ich steige in mein Auto, mit mir die elegante Familie aus Aleppo. Zum wiederholten Mal bieten sie mir Geld an, ich lehne ab und erkläre noch einmal, dass ich nicht garantieren kann, dass wir ohne Kontrolle durchkommen, dass es im schlimmsten Fall bedeuten kann, dass wir festgenommen werden oder sie zurück nach Budapest müssen. Sie verstehen genau, nicken kurz. Es ist mir klar, dass sie ganz andere Situationen erlebt haben.

Ich starte den Motor und lege meine Hände aufs Lenkrad. Ich rutsche ab, mehrmals. Meine Handflächen nass. Angstschweiß.

Ich konzentriere mich auf die Schilder, die mich auf die Autobahn lotsen. Es ist wenig Verkehr, aber ich habe den Eindruck, dass viel mehr Polizei unterwegs ist als noch vor vier Stunden. Die Spannung im Auto ist deutlich spürbar, trotz eingeschalteter Lüftung beschlagen die Fenster. Nach fünfzehn Minuten auf der Autobahn bemerke ich ein Polizeiauto, das hinter mir fährt, minutenlang, gleiches Tempo, gleicher Abstand. Ich checke ständig den Rückspiegel, überlege, ob ich etwas sagen soll. Nach einer gefühlten Ewigkeit blinkt das Polizeiauto und beginnt mich links zu überholen. Der Knoten in meinem Magen zieht sich enger zusammen.

„Scheiße, jetzt werden sie mich gleich rauswinken."

Ich denke an die Familie, die sich mir anvertraut hat. Verfluche meinen Plan, der möglicherweise in den nächsten Minuten ein jähes Ende finden wird.

Das Polizeiauto ist auf gleicher Höhe, ich versuche, gelassen geradeaus zu schauen. Sie fahren einfach weiter.

Jetzt schießen mir Tränen in die Augen, meine Knie zittern, fühlen sich an wie aus Pudding. Mir ist übel, ich bin wütend.

„Die Welt steht Kopf, wenn ich mich davor fürchten muss, ins Gefängnis zu gehen, weil ich ein paar Menschen helfen will. Das ist falsch, falsch, falsch!" – Wut kann wirklich ein wunderbarer Schutz sein.

Das Handy läutet, meine Freundin, die einige Kilometer vor mir fährt, warnt mich: „Kathi, ich bin soeben an einer Polizeisperre am rechten Fahrstreifen vorbeigekommen, die haben einen weißen Kastenwagen rausgewunken. Pass auf!"

„Wie soll ich aufpassen? Ich kann ja nur weiterfahren."

Und schon sehe ich die Polizeilichter rechts blinken. Ich halte mich am Lenkrad fest und spüre, dass sich auch meine Schützlinge verspannen. Ich konzentriere mich auf meine Wut und versuche, nicht stärker aufs Gas zu steigen. Wir werden nicht aufgehalten.

Nach weiteren dreißig Minuten fahre ich von der Autobahn ab. Treffpunkt ist ein verlassener Dorfplatz, nirgendwo Licht, ich freue mich riesig, die anderen zu sehen. Wir fragen, ob jemand aufs Klo muss, die Menschen aus Syrien trauen sich nicht auszusteigen.

Von der anderen Seite des Platzes tauchen zwei Autos auf. Es sind Verbündete aus dem Burgenland, die in der Zwischenzeit die Grüne Grenze ausgekundschaftet haben, um zu klären, wo wir heute Nacht unbehelligt nach Österreich kommen können. Wir drehen die Scheinwerfer ab und fahren im Konvoi über Schotterstraßen und Feldwege. Ich folge den Bremslichtern, habe jede Orientierung verloren, es ist still, nur das Knirschen des Schotters unter den Rädern. Beim Fahren muss ich mich sehr konzentrieren, ich bin hellwach, habe kein Zeitgefühl mehr. Alles wirkt unwirklich, wie in einem Film. Das, was wir tun, ist verboten und scheint das einzig Richtige zu sein.

Endlich wieder auf gepflasterte Straßen, die Ortsschilder sind auf Deutsch, wir sind in Österreich. Der Himmel bereitet sich langsam auf die Morgendämmerung vor, während wir weiter in Richtung Wien fahren und nach wie vor die Autobahn meiden. Meine Schützlinge schlafen tief und fest.

Um 6:30 Uhr erreichen wir die Triester Straße und fahren direkt zum Westbahnhof, um unsere Gäste zu ihren Zügen nach Deutschland zu bringen. Noch ein gemeinsamer Kaffee, noch ein gemeinsames Foto, und während wir ihnen zum Abschied winken, legt sich eine bleierne Müdigkeit über uns alle.

Es ist gelungen, nichts ist passiert. Ich schaue zu meinem Vater, wir lächeln uns an. Wir sind in dieser Nacht nicht nur Vater und Tochter gewesen, sondern Komplizen.

Drei Tage später fahren wir wieder los.

Aber diesmal ist alles anders. Im nahen Grenzgebiet auf ungarischer Seite wimmelt es von österreichischen Autos. Sie stehen am Straßenrand, in Maisfeldern, an Bahnhöfen. Ihre Scheinwerfer zeigen scherenschnittartige Szenen der Empathie und praktischer Hilfe. Ungarische Polizei ist nirgendwo zu sehen, sie hat sich zurückgezogen. In Österreich hat sich herumgesprochen, dass es nur darum geht, die erschöpften Menschen bis zur ungarischen Staatsgrenze zu bringen, dann müssen sie selbst zu Fuß über die Grenze nach Österreich, dort warten bereits Busse der Österreichischen Bundesbahnen, um die Geflüchteten weiter nach Wien zum Bahnhof zu bringen. Wir stoßen auf eine Gruppe von neun jungen Menschen, die sich am kalten Boden im Kreis zusammengekauert haben, ihre Regenpelerinen flattern im Wind, sie wollen nicht weitergehen, weil einer von ihnen nicht weitergehen kann. Er hockt in der Mitte und die anderen wärmen ihn. Während wir überlegen, wie wir sie auf unsere Autos aufteilen, hält ein kleiner, alter VW-Bus neben uns. Die Seitentür wird aufgeschoben, helles Licht, eine Gestalt steckt ihren Kopf heraus.

„Antifa Simmering, wie können wir helfen?"
Mir wird warm ums Herz, ich muss lächeln.

In dieser Nacht waren wir nicht zu fünf, wir waren Hunderte.

Es gibt nicht mehr so viele Menschen, die sagen, es ist ein Erfolgsrezept, wenn man solidarisch denkt und couragiert handelt. Wesentlich öfter geht es um Angepasstheit, um Leistung, es geht um Methoden und Techniken, effizient wirtschaftliche Ziele zu erreichen. Egal wie, egal auf welche Kosten.

Man könnte auch sagen, couragiertes Handeln ist, wenn jemand an der Börse mit hohem Risiko zockt. Und dabei ist es vollkommen okay, gierig zu sein. Das sind Menschen, die in der Öffentlichkeit gefeiert werden! Wenn wir gewissermaßen unsere Todsünden zu unseren Orientierungspunkten machen, dann kommt so etwas wie Courage nicht vor.

Denn Courage hat immer ein Gegenüber, es geht da um mehr als nur um mich. Wenn einem das wichtig ist, dann ergibt das in einer Gesellschaft, die Solidarität nicht mehr als Tugend ansieht, nicht immer eine geradlinige Biografie. Das ist ein oft steiniger Weg.

Aber ich bin überzeugt, dass sich Konzepte, die sich nicht an einem guten Gemeinsamen orientieren, am Ende immer selbst zerstören.

Kapitel 9

Hinschauen

Am Hafen, vor dem kleinen Haus der NGO „Home for all", findet sich ein Grüppchen von Menschen ein. Es ist 19 Uhr und überraschend kühl und feucht. Zwei Bierkisten werden übereinandergestellt. Ein Papiertischtuch behelfsmäßig mit Wäscheklammern festgemacht. Ein Altar. Bischof Hermann Glettler streift sein Messgewand über. Vor ihm Utensilien, um die Messe zu begehen. Der Platz vor dem ebenerdigen Häuschen ist begrenzt. Die Betreiber von „Home for all", Nikos und Katerina, machen uns drauf aufmerksam, dass hier notfalls auch ein Auto durchfahren müsse. Der Bischof rückt noch näher ans Wasser. Ich staune über sein konzentriertes und unprätentiöses Handeln. Vor bald dreißig Jahren bin ich aus der Kirche ausgetreten, den Weg in ein Gotteshaus finde ich nur selten. Zu oft hatte ich den Eindruck, dass diese Rituale erstarrt sind, die Geistlichen nicht über die Welt sprechen, in der ich versuche, mich zurechtzufinden. Bei dieser Feldmesse nahe am Wasser und nahe an den Menschen ist alles anders.

Wir sind hergekommen, um zu sehen, was ganz Europa nicht sehen will. Und plötzlich sind wir mittendrin in der Geschichte, in unserer Geschichte. Die Messe beginnt. Das Thema zwischen den Gebeten und Gesängen ist „Maria Empfängnis". Der Erzengel Gabriel erscheint Maria und erklärt ihr, dass sie den Sohn Gottes gebären wird, allerdings ohne vorher mit einem Mann zusammen gewesen zu sein – die Empfängnis wird durch den Heiligen Geist passieren. Maria erschreckt über das Erscheinen des Engels und versteht seine Botschaft nicht. Der Bischof führ an dieser Stelle aus: Gott stellt Maria eine Frage, stellt also den Menschen eine Frage und will ein Ja ohne ein Aber. Was für eine unmögliche Frage, was für eine unmögliche Antwort.

Ich denke an die vielen Aber in meinem Leben. An die Ausflüchte und Ungenauigkeiten. Und doch klärt sich etwas in diesem Moment. Ich staune über diesen Mann Gottes, der tatsächlich mit uns spricht. Er bittet und betet mit uns. Ich komme ihm nicht aus. Am Schluss beten wir für die vielen Menschen, die auf der Flucht vor Krieg und Not ihr Leben gelassen haben. Es ist noch kälter geworden und noch feuchter. Ich sitze und blicke aufs Meer. Eine Katze ist mir auf den Schoß gesprungen.

Lesbos, 9. Dezember 2020

Nikos und Katerina sorgen täglich für über 1.200 warme Mahlzeiten, damit wenigstens die besonders Vulnerablen einmal am Tag warmes Essen bekommen. Besonders die Mütter mit den Neugeborenen und die Alten und Kranken. Es ist 11 Uhr. In dem kleinen Haus, das ebenerdig eine große Küche und eine Art Schankraum beherbergt, herrscht reger Betrieb. Überall stapeln sich Lebensmittel. Riesige Reissäcke, Paletten mit Dosen, Zucker, Mehl, Öl. Dazwischen große Warmhalteboxen. Rundherum emsiges, konzentriertes Treiben. Nikos und Katerina dirigieren die Köche und Helferinnen. Die Zeit drängt, jeder Handgriff sitzt, die Abläufe sind seit Monaten unverzichtbare Routine. Ich werde Nikos und Katerina vorgestellt. Aufgrund der Masken, die wir alle tragen, sehe ich nur Augenpaare. Augen, die schon viel gesehen haben. Es liegt eine große Klarheit in ihren Blicken, fast ein bisschen streng. Ich habe Fragen, aber sie haben keine Zeit. Ich fühle mich deplatziert, ich kann nichts beitragen, ich bin da, um hinzuschauen, um das Gesehene nach Hause zu tragen. Dann schnappt Nikos meine Hand und wir gehen vor die Tür. Es ist kalt, aber sonnig. Ich frage, was ihn antreibt, sich tagtäglich von der Früh bis in die späte Nacht für die Menschen in den Lagern einzusetzen. Er hat die Maske abgenommen. Sein Gesicht ist das eines gastfreundlichen Griechen wie aus dem Urlaubs-Fotoalbum. Er denkt nach. „Ich versuche, etwas dazu beizutragen, dass diese Menschen ihre Würde behalten können. Nur dann kann ich meine behalten."

Er lächelt, klopft mir auf die Schulter und beginnt damit, den Van zu beladen.

Lesbos, 10. Dezember 2020

Wir sitzen im Hotel. Draußen geht gerade die Welt unter. Sturm und starker Regen. Ich gehe vor die Tür, um eine Zigarette zu rauchen, der Regen peitscht mir ins Gesicht und ich gebe die Idee wieder auf. Ich denke an die Menschen im Lager, ich habe ihre dünnen Sommerzelte gesehen, die auch ohne Regen im Morast versinken. Am Parkplatz vor dem einzigen Supermarkt konnten wir heute mit Hilfe eines Dolmetschers mit einer Familie reden. Sie kommen aus Afghanistan. Einmal pro Woche können sie mit dem bisschen Geld im Supermarkt einkaufen. Der Vater erzählt: Während der Flucht habe er seinen Liebsten noch erzählen können, dass es zwar jetzt schlimm sei, dann aber, wenn sie Europa erreicht hätten, würde es besser werden. Dann seien sie in Sicherheit, dann hörten das Leiden und die Not und die Angst auf. Seit einigen Monaten ist er nun im Lager und er weiß nicht mehr, was er ihnen sagen soll. Das, sagt er, sei das Schlimmste. Dass er die Hoffnung verloren habe, dass er seiner Frau und seinen Kindern keinen Mut mehr machen könne, dass es keine Zukunftsvorstellung, keine Hoffnung gebe.

Ihr Schicksal liegt schon seit Monaten in den Händen anderer. Anderer Menschen, die weit weg sind und nichts von ihnen wissen wollen.

Es fühlt sich gut an, wenn sich jemand, der gestolpert ist und dem du geholfen hast, wieder aufrappelt und weitergeht. Da ist etwas passiert zwischen dir und der Person, da ist Beziehung entstanden. Das lässt dich meistens selbst ein klein wenig fröhlicher weitergehen.

Salzburg, Anfang Februar 2021

Nach vielen Gesprächen mit privaten Quartiergebern, Pfarrern und Bürgermeistern führt mich mein Weg auch nach Salzburg. Doraja Eberle, eine Galionsfigur der gelebten Mitmenschlichkeit, eine Frau der Tat, und ich haben einen Termin bei Erzbischof Franz Lackner. Unser Anliegen: Wir wollen einen Weg finden, um eine Rettungsbrücke zwischen den Familien in den Lagern in Griechenland und den Pfarren und Familien hier in Österreich zu schlagen. Er hört uns zu, ist mitfühlend und überrascht, als ich ihm von den über 2.000 Menschen mit positivem Asylbescheid erzähle, die allein auf Lesbos festsitzen. Das Gespräch verläuft gut, ist freundlich und bestärkend.

Danach sitze ich auf einer Bank am Kapitelplatz und telefoniere. Ein älterer Mann schiebt sein Fahrrad vorbei, beschiedenes Äußeres, Wollfäustlinge. Warme, nicht ganz neue Jacke. Er bleibt stehen und betrachtet mich genau. Mir wird klar, dass ich mein Telefonat unterbrechen muss.

Ich: „Kann ich Ihnen irgendwie helfen?"

Er: „Sind Sie die Frau Stemberger?"

Ich: „Ja."

Er: „Kommt Ihre Familie aus der Ramsau?"

Ich: „Ja, väterlicherseits."

Sein Gesicht leuchtet: „Ihr Großvater hat meinem Vater das Leben gerettet!"

Wir blicken uns in die Augen. Zwei bis drei Herzschläge lang passiert gar nichts. Wir sind plötzlich verbunden, obwohl wir einander nicht kennen.

Mein Großvater war ein sehr engagierter Allgemeinmediziner, ein richtiger Gemeindearzt, der für seine Patienten lebte. Der fremde Mann, der nun nicht mehr ganz fremd ist, erzählt mir die Kranken- und Heilungsgeschichte seines Vaters. Ich freue mich über den guten Ausgang der Ereignisse. Und dann sind wir eigentlich am Ende unseres Gespräches, doch er setzt noch einmal an: „Sie bemühen sich doch auch um die Menschen in diesen grässlichen Lagern in Griechenland."

Ich: „Ja."

Er: „Ganz ehrlich, es ist eine Sauerei, die Leut' so im Stich zu lassen. Für alles haben wir Geld, aber ein paar Familien aufzunehmen, das ist doch keine Hexerei. Jedes Land ein paar, und die Sache ist erledigt."

Ich: „Ja, da haben Sie recht. Das muss anders werden."

Es beginnt zu regnen und wir verabschieden uns.

Wien, Anfang Februar 2021

Ein deutscher Großunternehmer hat von meinen Bemühungen gehört, dabei mitzuhelfen, dass die griechischen Flüchtlingslager evakuiert werden und im Sinne eines humanitären Korridors Erste Hilfe geleistet wird. Er ist fast achtzig Jahre alt, Schwabe und verweigert jede elektronische Kommunikation. Kein Handy, kein Computer, nichts. Seine Sekretärin macht das möglich. Ich telefoniere mit ihr. Sie sagt, dass ihr Chef nun doch ein Zoom-Gespräch mit mir führen wolle. „Mein Chef will alles tun, um wenigstens ein Kinderleben zu retten", sagt sie.

Ein Termin wird vereinbart und wir sitzen uns am Bildschirm gegenüber. Wie beginnt man so ein Gespräch? Ich erzähle ihm, dass ich im Herbst 2019 von vermehrten Selbstmorden der Kinder und Jugendlichen im Lager „Moria 1" gehört hätte und mich dieser Umstand nicht mehr ruhig habe schlafen lassen. Ich erzähle, dass alles getan werde, damit wir Europäer so wenig wie möglich von den Grausamkeiten und Menschenrechtsverletzungen an den EU-Außengrenzen erführen, dass uns alle paar Monate inszenierte Hilfsaktionen vor Ort als Beruhigungspillen verabreicht würden, dass wir in einer schrecklichen Polarisierung gelandet seien: wir gegen die, es gebe nur mehr ein Entweder-oder, kein Sowohl-als-auch.

Ich merke, dass meine Wangen glühen, weil ich mich in Rage geredet habe. Ich stoppe und entschuldige mich für diese emotionale Kaskade. Er lächelt und sagt: „Dinge, die uns wichtig sind, sind immer emotional. Trauen Sie niemandem, der das in Frage stellt oder unter einem professionellen Aspekt relativiert!" Ich nicke. Merken! Rufzeichen!

„Jetzt erzähle ich Ihnen, warum mir dieses Thema wichtig ist: Meine Großmutter hatte Anfang des 20. Jahrhunderts in Palästina eine Zementfabrik. Sie und ihre Familie wurden 1918 von den Briten vertrieben, und so musste meine Großmutter allein mit drei Kindern und noch dazu hochschwanger fliehen. Sie wollte über Istanbul nach Deutschland, aber sie musste in Aleppo ins Spital: Das vierte Kind bestand darauf, das Licht der Welt zu erblicken. Die Menschen dort lebten in einer blühenden Stadt, waren freundlich und hilfsbereit. Hätten sie meiner Großmutter nicht geholfen, gäbe es mich möglicherweise gar nicht. Wir sind alle miteinander verbunden, und es ist ein großer Fehler zu glauben, dass mich das Leid dieser Menschen nichts angeht. Bei der nächsten Laune der Geschichte sind wir vielleicht diejenigen, die Hilfe brauchen.

Also, frage ich Sie: Womit kann ich Ihre Sache unterstützen?"

Kapitel 10

Sei ein Mensch und meine es

Er steht in der Seitengasse in einem der großen Theater in Wien. Das erste Engagement nach der Schauspielschule. Er hat eine Chance bekommen, er weiß das. Der Knoten im Bauch ist unverändert und im Kopf rasen so viele Gedanken und Stimmen kreuz und quer, dass er in dem Durcheinander seinen Text kaum findet. Die letzten Wochen waren einfach nur grauenhaft. Der Regisseur ist offensichtlich mehr als unzufrieden mit dem, was er bei den Proben abliefert, er hat jedes Vertrauen verloren, findet inzwischen selbst, dass er hölzern und unecht durch seine Szenen stolpert. Die Spirale kennt nur eine Richtung und die Umdrehungen werden immer enger.

Zweite Hauptprobe in Kostüm und Maske. Der Puls schlägt hart bis zum Hals. Panik breitet sich aus, fast muss er weinen, er, der große Kerl, der selbstsicher ganze Runden unterhalten kann. Am liebsten würde er wegrennen.

Plötzlich hört er diesen einen Satz, der ihn durch den Nebel seiner Emotionen erreicht: „Sei ein Mensch, meine es!"

Woher kommt das? Aus seinem Inneren? Nein, dort ist nur Chaos! Suchend schaut er sich um.

Links im Halbdunkel zeichnet sich die ausladenden Silhouette des Inspizienten ab. Die Pultlampe beleuchtet den Text und das Mikrofon, durch das er seine präzisen Anweisungen gibt. Verlässlich dirigiert er alle Beteiligten durch jedes Theaterstück. Ohne ihn geht gar nichts. Er ist ein wichtiger Mann, aber sobald die Vorstellung vorbei ist, verschwindet er lautlos. Die meisten haben ihn noch nie das Theater betreten oder verlassen gesehen. Zauberei.

Er schiebt sein Gesicht ein wenig mehr in den Lichtkegel und schaut dem verkrampften Schauspieler direkt in die Augen: „Wenn du da jetzt rausgehst, dann geht es nur um eines: Sei ein Mensch und meine es!"

Ungefähr fünfzehn Jahre später stehe ich mit genau diesem Kollegen hinter der Bühne. Premierenabend. Normalerweise bin ich vor Premieren relativ ruhig, aber die Generalprobe war eine Katastrophe, alles, was schiefgehen konnte, ging auch schief. Das gilt eigentlich als ein gutes Zeichen, aber an diesem Abend traue ich dem Frieden nicht. Wir sind zu früh dran, stehen in der Seitengasse. Er erzählt mir die Geschichte und fügt hinzu: „Was ich damals noch nicht wusste, war, dass meine Umbesetzung bereits im Publikum saß."

Wir bekommen das Zeichen vom Inspizienten und fangen an. „Sei ein Mensch, meine es!"

Katharina:

Es ist schon sehr österreichisch zu sagen: Man sollte. Oder: Jemand sollte.

Anna:

Oder: Es sollte anders sein.

Katharina:

Wieso sollte jemand anderer zuständig sein, ein Problem zu lösen, das uns alle betrifft?

Kapitel 11

„Okay, und was mach' ma jetzt?"

Wenn ich an Willi Resetarits denke, ist das der erste Satz, der mir einfällt. Dabei lächelt er aufmunternd und macht klar, dass es – egal wie groß das Problem oder die Herausforderung ist – einzig und allein darum geht, eine Tat zu setzen. Und er sagt das so: „Schau, Kathi, glauben und denken können wir uns ja viel, aber entscheidend ist, was wir tun!"

Sommer 2015. Die Wettervorhersage für den Abend des 15. Juli ist nicht gut. Große Gewitterzellen schieben sich von Norden Richtung Oberösterreich.

Sommer 2015. Mein Mann und ich arbeiten schon seit Monaten an einem Film über das Integrationshaus in Wien. Anlass ist das zwanzigjährige Bestandsjubiläum dieser einzigartigen Einrichtung, die Willi Resetarits alias Kurt Ostbahn gemeinsam mit Freundinnen und Freunden 1995 gegründet hat.

Es war die Zeit der großen Fluchtbewegung aus Ex-Jugoslawien nach Österreich. Damals wurden viele Menschen, teilweise schwer traumatisiert, in riesigen Hallen untergebracht, notdürftig voneinander abgetrennt durch Leintücher, ohne Privatsphäre, im ständigen Lärm. Kein Ort, um nach den Bomben, der Angst und Panik, der Flucht, die schon für sich eine grausame Erfahrung war, zur Ruhe zu kommen.

Willi Resetarits erkannte, wie wichtig es für geflüchtete Menschen ist, einen sicheren Raum zu haben, eine Tür, die man hinter sich abschließen, und eine Herdplatte, auf der man sich Essen kochen kann, das einen an daheim erinnert. 1995 – das Eröffnungsjahr des Integrationshauses in der Engerthstraße im zweiten Wiener Gemeindebezirk.

Zwanzig Jahre später fragt der Vorstand bei meinem Mann und mir an, ob wir uns vorstellen könnten, einen Film über die Geschichte des Integrationshauses zu machen. Wir können.

Im Sommer 2015 ist das Thema von Menschen auf der Flucht aktueller denn je. Der Syrienkrieg erreicht einen weiteren grauenhaften Höhepunkt, Menschen, die aus Afghanistan in den Iran geflüchtet sind, haben dort wenig bis keine Existenzmöglichkeit, auch sie müssen weiterziehen: in den Libanon, die Türkei und nach Jordanien. Bereits im Frühjahr desselben Jahres war bekannt geworden, dass den großen internationalen Hilfsorganisationen die Mittel zur Versorgung der Geflüchteten vor Ort, in der Türkei, im Libanon und in Jordanien, signifikant gekürzt werden. In Europa appellieren NGOs an ihre jeweiligen Regierungen, Vorbereitungen zu treffen: Es sei anzunehmen, dass sich große

Gruppen von Menschen auf den Weg nach Europa machen werden. Alle europäischen Regierungen schlagen die Warnungen in den Wind, stecken die Köpfe in den Sand, tun so, als ob das Problem durch intensives Wegschauen verschwinden würde.

Anders als während des Kriegs in Jugoslawien ist auch Österreich nicht bereit, sich vorzubereiten. Erst als im Sommer 2015 ein LKW mit über siebzig Leichen auf der Autobahn im Burgenland gefunden wird, sickert es ins öffentliche Bewusstsein, dass Wegschauen nicht mehr geht, dass die Politik,, dass Bürgerinnen und Bürger sich diesem Thema zuwenden müssen. Man kann in diesem Zusammenhang nicht oft genug darauf hinweisen, dass der häufig zitierte Kontrollverlust an den österreichischen Grenzen in erster Linie durch das Ignorieren von Tatsachen entstanden ist. Sowohl im Innen- wie auch im Außenministerium wurden gravierende Fehler gemacht und in der Folge fuhr man einen politischen Kurs, der kein einziges Problem gelöst, dafür aber zu einer Polarisierung der Bevölkerung beigetragen hat.

„Und was mach' ma jetzt?"

Inmitten dieser Situation, einer Art Déjà-vu der Gründungszeit des Integrationshauses, beschließen mein Mann und ich, für den Film in Windeseile ein Finanzierungskonzept auf die Beine zu stellen. Zumindest die Produktionskosten sollen halbwegs gedeckt sein. Wie so oft bei solchen Unternehmungen sind wir schon froh, außer unserer persönlichen Arbeit nicht noch zusätzlich eigenes Geld investieren zu müssen.

Es entsteht die Idee, ein Benefizkonzert für das Integrationshaus zu geben und einen Teil der Einnahmen für den Film zu verwenden. Flugs ist ein Programm zusammengestellt. Ideen und gute Geister finden schnell zu uns: Willi Resetarits wird mit seinen Musikerfreunden von *Stubnblues* und mit *Insingizi*, einem Musikertrio aus Simbabwe, den musikalischen Teil übernehmen. Willi und ich werden moderieren und er möchte mit mir gemeinsam singen.

Ich zögere: „Willi, ich glaube, die Idee ist nicht so gut. Das Singen überlasse ich dir!"

Er: „Geh, Kathi, tu da nix an. Des mach' ma schon!"

Dabei schaut er mich aus klugen, warmen Augen an. Er wartet. Und lächelt. Und in mir breitet sich ein Gefühl aus, dass nichts schiefgehen kann. Nicht jetzt und auch sonst nicht.

Wir haben nur ein paar Wochen Zeit, um das Konzert zu bewerben. Viele helfende Hände vor

Ort, wir trommeln auf allen medialen Kanälen, die uns zur Verfügung stehen, haben keine Ahnung, wie viele Besucher kommen werden. Wir hoffen auf fünfhundert.

15. Juli 2015. In dreißig Minuten soll unser Konzert auf der größten Naturbühne Europas, dem Gelände der Frankenburger Würfelspiele, stattfinden. Open Air. Wir rufen den Wetterdienst an, es sieht gar nicht gut aus. Für den gesamten oberösterreichischen Raum werden Unwetter erwartet. Wir haben keine Ausweichmöglichkeit.

Willi sitzt hinter der Bühne, plaudert mit seinen Musikern, sie trinken ein Glaserl, alle sind entspannt. Ich nicht. Ich gebe die Wetterdaten weiter. Willi schaut mich an und sagt: „Wird schon!"

Er lächelt sein Lächeln. Ich merke, dass dieses Konzert für mich wichtiger ist als viele andere meiner Auftritte. Hier geht es nicht um mich, nicht um uns, wir wollen ein Zeichen setzen und gleichzeitig die Geschichte einer einzigartigen Einrichtung erzählen.

Die Tribünen beginnen sich zu füllen. Es kommen viele, viel mehr Menschen, als wir erwartet haben. In der Ferne sehe ich die ersten Blitze und mir ist zum Heulen. Die Musiker stimmen ihre Instrumente, ich ordne meine Moderationskarten. Willi steht neben mir: „Das mach' ma jetzt, Kathi!"

Und dann beginnt ein wunderbarer Abend. Willi und *Stubnblues* verzaubern das Publikum vom ersten Augenblick an. Ich führe durch den Abend, mein Mann filmt und ich merke, dass ich meine Sorgen vollkommen vergessen habe. Nach der Pause heizen *Insingizi* dem Publikum dann noch mal richtig ein. Die Stimmung ist großartig. Warm, verbunden, voller Freude. Etwas gelingt.

Zum Schluss lese ich das Gedicht „Was geschieht" von Erich Fried und danach singen wir tatsächlich gemeinsam John Lennons „Imagine" in einer deutschen Übersetzung von Fabian Eder.

Und jetzt stell Dir vor, es gäbe keinen Himmel, ich weiß,
das ist nicht leicht,
aber dann gibts auch keine Hölle,
und über uns ist niemand, nur die Sterne,
und wir leben füreinander
und nur in dem Moment.
Stell Dir vor, es gäbe keine Grenzen,
nur für einen Augenblick,
dann gibt es nichts, wofür man tötet oder stirbt,
und wenn es auch keine Religionen mehr gibt –
Kannst Du Dir das vorstellen?
Dann ist Frieden.
Stell Dir vor, es gäbe keine Reichtümer,
weißt Du, was das heißt?

Ohne Gier muss niemand hungern.
Keiner muss einem anderen dienen.
Stell Dir vor, wir alle teilen uns einfach diese Welt.

„Und was mach' ma jetzt?"

2015 gehen rund um Frankenburg heftigste Gewitter nieder. Über uns alle, die Musiker, das Publikum,
hält jemand seine schützende Hand.

2017 bittet mich der Vorstand des Integrationshauses, den Vorsitz zu übernehmen. Ich tue es.

Am 24. April 2022 stirbt Willi Resetarits. Am
Tag zuvor hat er den Flüchtlingsball im Rathaus
moderiert und bis spät in die Nacht gesungen, gespielt und gelächelt.

Katharina:

Was die Courage schürt, ist meine Ungeduld.

Anna:

Das spür ich.

Katharina:

Arg?

Anna:

Na ja.

Kapitel 12

Orden des Teelöffels

Welche der Doppeltüren soll ich nehmen?

Ich gehe den breiten Gang auf und ab. „Okay, ich nehme die halblinke Doppeltür."

Sie geht schwer auf. Nicht ohne Ehrfurcht betrete ich den historischen Sitzungssaal an seinem oberen Ende, über mir das prachtvolle alte Glasdach, die Holzbänke im Halbrund, es riecht nach Geschichte und großen Emotionen. Etwas Wichtiges liegt in der Luft. Ich muss langsam gehen, Stufe für Stufe, das enge weiße Kleid lässt mir trotz des langen Schlitzes wenig Spielraum, die hohen, dünnen Absätze verlangen meine ganze Aufmerksamkeit. Nur nicht zu schnell, Kopf hoch!

Unten angekommen, legt sich vor mir ein breites Holzpodest quer. Es erinnert an die Richterbank aus einem amerikanischen Gerichtsdrama.

„Jetzt oder nie!"

Ich raffe mein Kleid, nehme zwei Stufen auf
einmal, streife schnell die hohen Hacken
ab, ein Fuß auf dem gepolsterten Stuhl,
der zweite Fuß auf dem Pult. Ich stehe mit
beiden Füßen auf der Regierungsbank und
überblicke das Parlament.

„Eigentlich", denke ich mir „hat man da ja
einen ganz guten Überblick!"

Regisseurin Jacqueline Kornmüller geht
durch den historischen Sitzungssaal, wir
testen die Akustik, meine Kollegin Sona
MacDonald ist noch nicht da, ich probiere ein
paar Sätze aus dem Text von Franz Schuh, „Die
strenge Kammer des Phrasendreschens", den
er für genau diesen Ort geschrieben hat.

„Im Herzen der Demokratie."

Wir sind in den Endproben für ein außergewöhn-
liches Theaterprojekt, das am 26. Oktober 2016,
dem österreichischen Nationalfeiertag, seine Pre-
miere haben soll. An zwei Tagen wird das Parlament für Publikum geöffnet, acht renommierte
Autoren und Autorinnen wurden eingeladen, sich
mit dem Begriff Demokratie auseinanderzusetzen

und über Österreichs Vergangenheit, seine Gegenwart und seine Zukunft nachzudenken. Juli Zeh, Clemens J. Setz, Christine Nöstlinger, Paulus Hochgatterer, Milena Michiko Flašar, Franz Schuh, Angelika Reitzer und Martin Pollack. Sie haben für je einen Ort im Parlament einen Text entwickelt.

Bereits nach den ersten Sätzen spüre ich, dass es einen erheblichen Unterschied macht, diese Szene nicht in einem Theaterraum zu spielen, sondern hier, an diesem Ort, an dem in unser aller Namen verhandelt wird, wie wir als Gesellschaft miteinander leben wollen und sollen.

Phrasendreschen, Sätze, deren oberstes Ziel es ist, nichts auszusagen, während man spricht. Sich nicht festzulegen und gleichzeitig der Versuch, es allen recht zu machen. Sätze, die so tun, als ob der Sprecher oder die Sprecherin einen Überblick hätte, zur Verantwortung fähig sei, die richtige Richtung vorgeben könnte.

Sätze wie ein Raumspray.

Oder die Person, die diese Sätze spricht, versucht, das genaue Gegenteil zu tun: hinter den Worten die eigentliche Absicht zu verbergen.

Sätze wie eine Nebelmaschine.

Während ich das schreibe, merke ich, dass mir die Geduld ausgeht. Berufsbedingt bin ich als Schauspielerin darum bemüht, auf der Bühne oder vor der Kamera größtmögliche Echtheit herzustellen. Nicht nur so zu tun, als ob, sondern es zu meinen. Dafür muss man einen Standpunkt einnehmen, ein Anliegen haben und ein Ziel.

Ich bewundere die Eleganz, mit der Franz Schuh seinen Zorn im Zaum hält, wie er der gierigen Dummheit den klaren Gedanken entgegensetzt, der Licht in die schmuddeligen Ecken bringt.

Ein weiterer Gast hat sich im Saal eingefunden: Martin Pollack, auch von ihm wird ein Text gespielt, im Budgetsaal. Er heißt „Im Wald" und beschäftigt sich mit seinem Großvater, der in Linz als Rechtsanwalt für die SS gearbeitet hat.

Ich setzte mich neben ihn und wir sprechen über das, was wir in den nächsten Tagen an Reaktionen erwarten können. Martin Pollack ist klug, still, wach. Am Revers seiner Jacke glänzt ein kleiner silberner Löffel.

Ich frage ihn, was es damit auf sich hat, und er erzählt mir folgende Geschichte:

Der israelische Schriftsteller Amos Oz gründete im Jahre 2007, gemeinsam mit Freunden, in Stockholm den „Orden des Teelöffels", ein Friedensprojekt, das auf dieser einfachen, aber durchaus zwingenden Geschichte beruht:

„Sagen wir, du wirst Zeuge einer großen mensch-
lichen Katastrophe: zum Beispiel ein Haus, mit vielen
Menschen darin, gerät in Brand.
Dann hast du hast drei Möglichkeiten zu reagieren:

1.) Du rennst, so schnell du kannst, weit weg, bringst
dich selbst in Sicherheit und überlässt die Men-
schen in dem Haus ihrem Schicksal.

2.) Du schreibst einen wütend-empörten Brief an den
Chefredakteur einer großen Zeitung und beklagst
dich über die mangelnden Sicherheitsvorkehrungen,
die zu diesem Drama geführt haben. Zu diesem Zweck
kannst du auch eine Demonstration organisieren.

Oder:

3.) Du nimmst einen Kübel Wasser und schüttest
ihn auf das Feuer. Wenn du keinen Kübel hast, dann
nimm ein Glas, und wenn du kein Glas hast, dann
nimm einen Teelöffel.

Jeder hat einen Teelöffel."

Martin Pollack lächelt mich an.

„Und wie kann ich Mitglied dieses Ordens
werden?"

„Du musst einfach nur so einen kleinen Löffel sichtbar an dir tragen. Die Menschen werden dich danach fragen und dann erzählst du ihnen diese Geschichte!"

Unser Gespräch wird unterbrochen: Die Bundeshymne ertönt.

Ich drehe mich um, zwei Musiker der Blechblasformation „Federspiel" kommen die Stufen herunter, sie grinsen und beginnen damit, Jazzelemente in die Hymne einzubauen, dahinter Sona MacDonald.

Wir steigen in eine gesamte Ablaufprobe ein.

„Die strenge Kammer des Phrasendreschens" von Franz Schuh.

Und während wir uns durch den Text arbeiten, sehe ich, wie Martin Pollack sich langsam auf den Weg zu seiner eigenen Szene macht. Beim Aufstehen fängt sich das Licht von oben noch kurz in seinem Teelöffel am Revers, blitzt auf.

Die nächsten zwei Tage im Parlament sind tatsächlich außergewöhnlich. Nicht weil wir jeden Tag fast sechs Stunden durchspielen, sondern vor allem wegen der vielen Menschen, die aus allen Gegenden der Republik kommen und sich diesem Spektakel voller Neugierde nähern. Danach wird das Parlament für fünf Jahre geschlossen und renoviert, um im Jänner 2023 feierlich wiedereröffnet zu werden.

Am 28. Dezember 2018 stirbt Amos Oz, am Tag der unschuldigen Kinder und an meinem Geburtstag. An diesem Tag beschließe ich, den Orden des Teelöffels in Österreich zu gründen.

Ich rufe in Stockholm an, frage, ob ich eine Dependance in Österreich gründen darf.

Die Verantwortlichen sind erfreut, unkompliziert:

„Oh, we are very pleased that you want to spread that idea in your country."

Sie schicken sofort viele Teelöffel zum Anstecken und Umhängen.

Im Sommer 2019 eröffne ich gemeinsam mit Zeno Stanek die österreichische Loge beim Theaterfestival Hin & Weg in Litschau.

Wir sitzen am schönen Herrensee, ich erkläre, worum es beim Orden des Teelöffels geht, lese Texte von Amos Oz. Wir diskutieren und lachen, danach kaufen sich die Besucher kleine Silberlöffel und stecken sie an oder hängen sie um den Hals. Ich schauen ihnen nach, wie sie über das Festivalgelände gehen, auf der Suche nach den nächsten Theatervorstellungen, die an diesem Tag stattfinden werden.

Ich denke mir, dass wir unsere Welt nur durch Geschichten begreifen, und ich weiß in dem Moment, dass meine Zuschauer von heute früh die Geschichte von Amos Oz, seinen Freunden und der Kraft des Teelöffels weitertragen werden. Das Gute hört nicht auf.

Wir sind, was wir tun.

Kapitel 13

Heute nicht

Eine Wasserstelle in der Steppe, irgendwo in Afrika. Die Luft flirrt, hohes Gras bewegt sich träge in der Mittagshitze, High Noon.

Ein Zebra taucht aus dem Gestrüpp auf, das neben der Wasserstelle wächst, rechter Bildrand. Ein paar Meter noch bis zum leicht abschüssigen Ufer, langsam, es nimmt seine Umgebung genau wahr, wittert, die Ohren drehen sich wie Kreisel in alle Richtungen, alles scheint in Ordnung zu sein, endlich senkt es den Kopf und beginnt zu trinken.

Ein Gepard schleicht mit gesenktem Kopf durch das Steppengras. Linker Bildrand. Geschmeidig, wach, bereit zu töten.

Das Zebra hebt den Kopf, ein Ruck geht durch seinen Körper, es strafft sich. Beide Tiere halten inne, schauen einander an. Es ist klar, was das Drehbuch als Nächstes für sie vorgesehen hat.

Meine Großmutter war Baujahr 1907. Sie wurde 103 Jahre alt und das eigentlich recht vergnügt. Ihr Geheimnis bestand aus drei wichtigen Komponenten: jeden Abend ein Glas Rotwein, immer darauf achten, dass die Frisur sitzt, und schwierige Themen unter den Teppich kehren. Ihr Teppich war an manchen Stellen gut unterfüttert. Zwei Weltkriege er- und überlebt, ihren Mann sehr früh verloren, zwei Töchter allein großgezogen und in allen Lebensphasen mit ihrer Mutter im gemeinsamen Haushalt gelebt.

Sie war eine wunderbare, eine bescheidene, eine kleine Frau, die ihre Enkel und Urenkel bedingungslos liebte, alles verzieh und im Falle des Falles „Schwamm drüber" sagte – und lebte. In ihrer Nähe hatte ich das Gefühl, nichts falsch machen zu können. Unser inniges Verhältnis wurde nur einmal auf die Probe gestellt: als ich als Dreizehnjährige versuchte, mit ihr über den Zweiten Weltkrieg zu reden. Das ging nicht, das war ein Tabu, ein Schloss mit sieben Siegeln. Ich gab auf, wollte nicht dran kratzen, weil ich wusste, dass der Lack abgehen könnte. Ich wollte es nicht, weil sie es nicht wollte.

Mit 99 war klar, dass sie zu Hause ohne Hilfe nicht mehr zurechtkommen würde, eine Seniorenresidenz im 17. Wiener Gemeindebezirk wurde gefunden, von ihr nach einer Phase des Probewohnens für gut befunden, und es begann tatsächlich noch einmal ein neuer Lebensabschnitt, den sie sichtlich genoss.

Nach einem halben Jahr sagte sie zu meiner Mutter: „Ich weiß, ich bin in dem Alter, in dem ich ans Sterben denken sollte, aber ich habe keine Zeit, ich muss Karten spielen."

Sie hatte zwei Kartenrunden, eine am Vormittag und eine am Nachmittag. Und obwohl meine Großmutter sich so gut wie nie über irgendetwas beklagte, war sie mit der Zusammensetzung der Kartenrunden unzufrieden: „Da kommt man ja nie richtig in Schwung. Ständig stirbt jemand! Diese jungen Hupfer halten einfach gar nichts aus!"

Auf meine Frage, wen sie denn meine mit „Junge Hupfer", sagte sie: „Na ja,, so 84, 86! Junges Gemüse!"

Ich lernte etwas über Perspektiven.

Diese letzten vier Jahre ihres Lebens hatten eine große Qualität für sie. Sie wurde umsorgt, mit Herz und Hirn. Zum Frühstück, so gegen acht Uhr morgens, mussten alle Bewohnerinnen nach Möglichkeit im Speisesaal erscheinen. Das hieß jeden Tag früh genug aufstehen, um gut frisiert (!) und anständig gekleidet die zwei Stockwerke hinunter ins Erdgeschoss zu fahren. Das Mittagessen wurde in ihr kleines Apartment gebracht, in das sie noch Teile ihrer letzten Wohnungseinrichtung hatte mitnehmen können, und das Abendessen wurde im ersten Stock in einem Raum mit Kühlfächern zur Selbstabholung bereitgestellt.

Es gab einen Speiseplan für die Woche, aus dem für jeden Tag eine von drei Speise-Varianten gewählt werden konnte. Man erklärte meiner Großmutter, dass sie ihre Auswahl entweder analog auf Papier ankreuzen könne oder elektronisch auf dem Computer, der in der Eingangshalle stand. Zu unserer großen Überraschung entschied unsere Großmutter, mit knapp hundert Jahren, sich dem Computer anzunähern. Was auch gelang. – Baujahr 1907!

Sie war wach, unerschrocken.

Ich lernte etwas über Neugierde.

168

In ihrem letzten Lebensjahr waren ihr größere Ausflüge schon ein bisschen mühsam und so machten wir es uns bei meinen Besuchen oft in ihrem Apartment gemütlich. Wir schauten uns am Nachmittag Tierdokumentationen im Fernsehen an. Dazu Kaffee und Mehlspeise. Ich glaube, wir haben an diesen Nachmittagen versucht, die Zeit anzuhalten.

„Dieses männliche Steppenzebra hat sich offensichtlich von der Herde entfernt, um seinen Durst zu löschen. Ein eher ungewöhnliches Verhalten, da Steppenzebras zum Schutz vor möglichen Angreifern fast immer im Herdenverband anzutreffen sind. Ein grober Fehler, wie wir gleich sehen werden."

Meine Großmutter und ich halten den Atmen an.

„Der Gepard hat sein Opfer schon über längere Zeit beobachtet. Eigentlich erlegen Geparden ihre Beute in einer kurzen, rasanteren Jagdsequenz. Sie laufen dem fliehenden Tier in die Beine, um es so aus dem Gleichgewicht zu bringen. Nachdem es gestürzt ist, töten sie es mit einem Biss in die Kehle."

Meine Großmutter und ich schauen uns an.

„Aber nun sehen Sie sich diese Situation an. Der Gepard hat sich angeschlichen, um das trinkende, schutzlose Zebra zu erlegen. Das Überraschungsmoment ist auf seiner Seite, aber die natürliche Ordnung scheint sich in diesem Fall nicht einstellen zu wollen. Das Zebra müsste nämlich jetzt fliehen, der Gepard hinterher, und innerhalb von 45 Sekunden wäre die Jagd vorbei. Aber sehen Sie nur, das Zebra hebt den Kopf, sie scheinen sich in die Augen zu sehen und etwas ist anders. Das Zebra flieht nicht, es macht sogar einen Schritt auf den Geparden zu, einen zweiten, der Gepard ist offensichtlich aus dem Konzept gebracht, er erstarrt, weicht zurück."

So eine Situation habe ich als langjähriger Tierbeobachter auch noch nie erlebt, als ob das Zebra sagen würde: „An jedem anderen Tag, aber nicht heute!"

Die Topfengolatsche auf halbem Weg zum Mund in der Luft, den kleinen Griff der Kaffeetasse festgehalten.

Ich: „Omi, das gibt es doch nicht!"

Meine Großmutter verfolgt gebannt das Geschehen am Bildschirm.

„Nun sehen Sie sich das an. Der Gepard weicht zurück, während das Zebra in einen lockeren Trab verfällt."

Die Kamera zieht auf.

„In einer wilden Jagd treibt das Zebra den Geparden durchs Gebüsch vor sich her. Der schnellste Läufer der Welt wirkt fast ungeschickt, schlägt Haken und hat offensichtlich die Orientierung verloren. Sowohl die äußere als auch die innere. Er rennt um sein Leben, während das Zebra fast lässig zum Stehen kommt. Es sieht dem Geparden nach. Fast könnte man meinen, es lächelt ..."

Meine Großmutter und ich jubeln, kurz, erleichtert, vergnügt.

Ich lerne etwas über Selbstbestimmung.

Katharina:

Ich frag mich schon, wie eine Welt aussehen könnte, in der es mehr Courage gibt.

Anna:

Leiwander.

Katharina Stemberger

ist Schauspielerin, Professorin, Produzentin
und zivilgesellschaftliche Aktivistin. Ihr
schauspielerisches Repertoire reicht von
der leichten Fernsehunterhaltung bis zu
den tragischen Heldinnen auf der Bühne.
Stemberger ist künstlerische Co-Leiterin
des Theaterfestivals „HIN & WEG" in Litschau
(https://www.hinundweg.jetzt). Über viele
Jahre war sie Vorstandsvorsitzende des
Integrationshauses in Wien. 2020 gründete
sie gemeinsam mit Freunden die Initiative
„Courage – Mut zur Menschlichkeit".
Gemeinsam mit ihrem Ehemann, dem
Regisseur und Autor Fabian Eder, betreibt
sie die Filmfirma BACKYARD – Manufaktur
für Film (http://backyard.at).

Courage – Mut zur Menschlichkeit setzt sich für legale Fluchtwege ein!

https://www.integrationshaus.at/

https://www.courage.jetzt/

Liebe Leserin,
lieber Leser,

hat Ihnen dieses Buch gefallen oder haben Sie sich von Katharina Stemberger inspirieren lassen?

Dann freuen wir uns über Ihre Weiterempfehlung, über Austausch und Anregung unter

leserstimme@styriabooks.at

STYRIA
BUCHVERLAGE

© 2023 by Molden Verlag
in der Verlagsgruppe Styria GmbH & Co KG
Wien – Graz
Alle Rechte vorbehalten.

ISBN 978-3-222-15098-2

Bücher aus der Verlagsgruppe Styria gibt es
in jeder Buchhandlung und im Online-Shop
www.styriabooks.at

*Für das Kapitel „Hinschauen" wurden teilweise Texte
verwendet, die vom Montag, 1. März 2021, bis Samstag,
6. März 2021, in der OE1-Sendung „Gedanken für den
Tag" ausgestrahlt wurden. Wir bedanken uns herzlich
bei der Redaktion für die Genehmigung.*

Projektleitung und Lektorat: Ulli Steinwender
Coverfoto: Steffi Leo
Ilustration Zebra: Chiara Steinwender
Cover & Layout: BUERO BLANK – branding & design
Korrektor: Joe Rabl

Druck und Bindung: Findir
Printed in the EU
7 6 5 4 3 2 1